夫の言い分 妻の言い分

理想的な結婚生活を続けるために

His Needs, Her Needs

Willard F. Harley, Jr.

ウィラード・ハーリ
多賀谷正子 訳

かんき出版

His Needs Her Needs
By Willard F. Harley, Jr.

Originally published in English under the title His Needs,Her Needs
by Revell, a division of Baker Publishing Group,
Grand Rapids, Michigan, 49516, U.S.A.

Japanese translation published by arrangement with
Baker Publishing Group through
The English Agency(Japan) Ltd.

親愛なるジョイスへ

まえがき

本書は、初版本が発売されてから2年とたたないうちにベストセラーになった。これまで22の言語に翻訳され、世界中で350万部以上が売れている。

その後も多くの人に読み継がれ、結婚について書かれた本のなかでも、「これは最高の1冊だ」と言ってくれる人が大勢いる。もしそれが真実だとしても、それは私がいい書き手だからではない。高校でも大学でも、英語と作文の成績はひどいものだった。

この本が多くの人に読まれてきたのは、どうすれば夫婦がもう一度互いに愛情を抱き、それを維持できるようになるかが書かれているからだろう。それこそが、幸せな結婚を続けるうえで必要なことだ。

本書では、結婚生活をうまく続けるための秘訣に迫りたいと思う。いろんな方法があるが、第一に、なんといってもそれは愛情だ。

結婚カウンセラーとして何十年もやってきたが、互いに愛情を抱いているのに離婚したいという夫婦は一組もいなかった。一方、よくコミュニケーションをとったり、話し合いで問題を解決したりして、互いに相手のことを大切にしていると言いながら、離婚していく夫婦は数多く見てきた。

誤解はしないでほしい。コミュニケーションをよくとったり、結婚生活上のさまざまな問題についてよく話し合ったり、お互いを大切に思う気持ちは大切だ。けれども、コミュニケーションをとったり話し合ったりすることで、恋愛感情を呼び覚ますことができなければ、偽りの結婚生活のように感じられ、逃げ出したくなってしまうことだろう。

恋愛感情はリトマス試験紙のようなもので、恋愛感情があれば互いに相手のことを大切にしていることの証になる。互いに愛情を抱いていれば、間違いなくふたりとも相手のことを大切にできているはずだ。

しかし、**もし互いに愛情を抱いていないと感じるなら、相手を大切にする方法を学ばなくてはならない**。この本を読んでもらえれば、恋愛感情を持ち続けるために最も努力しなくてはいけないことが何なのか、わかってもらえるはずだ。

私は心理学の博士号を取得したのち、結婚に関する〝エキスパート〟になろうと決意した。そこで、結婚カウンセラーとして独立し、それ以来多くの夫婦の相談を受けてきた。

そして、離婚の危機にある夫婦たちの話に耳を傾け、彼らにこう尋ねてきた。

「どうしたら幸せな結婚生活を取り戻せると思いますか？」

返ってきた答えは、信じられないくらいシンプルなものだった。どの夫婦も、結婚したのは相手に惹かれていたから、つまり恋をしていたからだという。そう、お互いに恋愛感情を持っていたからだ。ところが、私のもとへ相談に訪れるころには、ふたりともその気持ちを失っている。

実際、多くの人が互いに嫌悪感すら抱いていた。

「どうしたら幸せな結婚生活を取り戻せると思いますか？」という私の質問に、ほとんどの人が「そんなことは考えられない」と答える。それでもしつこく尋ねて考えてもらうと、こんな答えがよく返ってきた。

「もう一度、愛し合うことができれば、取り戻せると思います」

色あせてしまった結婚生活を救いたいなら、どうしたら恋愛感情を取り戻せるかを学ばなくてはならない。

はじめに

本書の目的は、どうすれば夫婦がお互いに相手のいちばん大切な欲求を知り、それを満たし合えるのかを、あなたに知ってもらうことにある。

結婚したばかりのころは、ふたりとも相手の欲求を満たせると思っていたことだろう。ところが、いまのあなたはきっと、さまざまな理由から失望してしまっている。誰かほかにこの欲求を満たしてくれる人はいないだろうかとさえ思っているかもしれない。

たいていの場合、そうなってしまうのは相手の欲求がわからないからだ。男性と女性は互いに理解するのが難しいし、その欲求が相手にとってどれほど大切なのかもわからない。男性は自分が大切だと思う欲求を満たそうとするし、女性もまた同じである。

でも、**男性と女性の欲求は大きく異なることが多いので、互いに見当違いの努力をした結果、ともに相手を幸せにすることができなくなってしまう**というわけだ。

夫も妻も、自分の欲求を満たしてもらいたいと思うのは当然のこと。だから、それが結婚生活によって満たされないと、結婚生活以外のところで満たしたいと思うようになる。私のところにカウンセリングに訪れる人たちは、その誘惑に負け、「貞節を誓います」という聖なる誓いの言葉を破ることになってしまった人ばかりだ。

だが、浮気や不倫のリスクのほかにも、互いのいちばん大切な欲求を満たさなければならない理由がふたつある。

ひとつは、**結婚とはとても特別な関係である**ということだ。**自分の欲求を満たす権利を、パートナーだけに与えると約束するのが結婚だ。**もしその欲求が満たされなければ、満たされなかったほうは、代わりに満たしてくれる人もいないまま人生をおくらなければならない。これはいかにも不公平である。

もうひとつは、これからこの本のなかで詳しく述べていくが、**互いに相手のいちばん大切な欲求を満たすことができれば、幸せな結婚生活には欠かせない恋愛感情を持ち続けることができる**からだ。私はその感情のことを恋愛感情と呼んでいるが、これからともに歩む人生のなかで、あなたたち夫婦のどちらにも、その気持ちを持ち続けてもらいたいと願っている。

CONTENTS

CHAPTER 3

女はパートナーから〝特別な愛情〟を注がれたい

CHAPTER 4

男と女はベッドの上ですれ違う

CHAPTER 5

女は親密な会話で関係を築きたい

CHAPTER 6
男が求めているのは〝最高の親友〟

CHAPTER 7
女が求めているのは〝誠実な男〟

CHAPTER 8

男は結局、目で恋をする

CHAPTER 9

女は結局、経済力を重視する

CHAPTER 10

男は女に尊敬・賞賛されて伸びる

CHAPTER 11

家族として真のベスト・パートナーになるために

CHAPTER 12

共働き夫婦が家事ストレスを減らす方法

※翻訳にあたっては、日本の読者にとって
なじみのうすい箇所を一部省略、意訳しました。

ブックデザイン　ｂｉｔｔｅｒ ｄｅｓｉｇｎ
ＤＴＰ　内藤富美子（北路社）
翻訳協力　リベル

How Affair-Proof Is Your Marriage?

理想的な結婚生活を続けるために知っておくべきこと

男女は互いに大きな期待を抱いて結婚する。結婚の誓いを交わし、理想的かつ親密な関係を築きたいという強い欲求を、一生その人とだけ満たし合うと約束する。つまり、その欲求を満たす権利を結婚相手だけに与えるのだ。

パートナーがすべての欲求を満たしてくれるわけではないが、結婚という絆で結ばれた相手だけが満たすことのできる、基本的な欲求がいくつかある。たいていの人は、パートナーがこうした特別な欲求を満たしてくれることを期待しているだろう。それを満たす権利をほかの人に与えない、と誓ったのだから。

たとえば、男性がある女性を妻としたとき、彼の性的な欲求を満たせるのはその彼女だけということになる。妻が夫の性的な欲求を満たしていれば、夫の妻への愛情はよりいっそう強くなる。

しかし、夫の欲求が満たされないと、反対のことが起きる。夫は妻に対して欲求不満を抱き、それが積み重なると、「妻はセックスが好きではないのだ」と考え、なんとかそれを受け入れようとする。けれども、夫の性欲は満たされないまま。

性的な関係を持つのは妻だけと決めたことで、夫は欲求不満になるか、浮気や不倫をするかの選択を迫られることになってしまう。

一方、妻のほうも同じように、なんらかの欲求が満たされ続けないでいると、夫の存在はおおいに欲求不満のもととなる。そのまま結婚生活を続ける妻もいるが、自分の欲求をほかの人に満たしてもらいたいという誘惑に負けてしまう人もいる。すると、浮気や不倫に走ることになる。カウンセリングでもそういう人を大勢見てきた。

「自分がしてほしいこと」が、「相手もしてほしいこと」とはかぎらない

私のもとへカウンセリングに来た夫婦にはまず、それぞれに相手のいちばん大切な欲求を知ってもらうために次の質問をしている。

「相手にどうしてもらったら、あなたはいちばん幸せですか？」

つまり、パートナーの欲求を満たすために自分に何ができるのかを、夫と妻の両方に考えてもらうのだ。

すると、その答えはだいたい次の10項目に分けられる。**愛情表現、性的な満足感、会話、**

趣味、誠実さ、魅力的でいること、経済的な安心感、尊敬・賞賛の念、家族との時間、家事のサポート。

幸せな結婚生活を続けるために必要なのは、なんといってもお互いの最も大切な欲求を満たすことだ。けれども、彼らの話を聞いていると、それがいかに難しいことかわかる。

カウンセリングに来た夫婦のそれぞれに、自分の欲求を優先順位の高い順に並べてもらうと、ほとんどの場合、夫の優先順位と妻の優先順位は逆になる。夫が上位に挙げる5つは、妻が挙げたもののなかでは下位を占めるという現象が起きるのだ。逆の場合も同じである。

どうりで夫婦がお互いの欲求を満たすのが難しいわけだ。どちらも自分が最もしてほしいことを相手に対してしているのに、その努力が間違っているのだ。なぜなら**自分が最もしてほしいと思っていることは、相手にとって最も優先順位の低いこと**なのだから。

ここでひとつ注意してほしい点がある。男性がある5つを最も大切な欲求として挙げ、女性が残りの5つを最も大切な欲求として挙げるというのは、あくまで一般的な話であって、選ぶ項目は人によってまちまちだ。

ある特定の夫婦がお互いに何を求めているのかは、私にはわからない。私の仕事は個々の結婚生活を救うことであって、平均的な人だけを相手にしているわけではない。だから、それぞれの夫婦がそれぞれの欲求について考えることが大切である。

ではお互いの最も大切な欲求の上位5つがわかったら、次のステップは相手の欲求を満たすエキスパートになることだ。でもそれは、やりたくないこともやらなければいけないということではない。

夫婦の一方が、もう一方の欲求を満たすために苦しむべきではないと思う。でも、自分の優先順位としては低い欲求であっても、相手の欲求を満たすのを楽しめるようになれたら最高だ。このあとの章で、どうしたらそれができるのかを紹介していこう。

夫婦がお互いの最も大切な欲求を満たすことができないとどうなるかを、私はこれまで多く見てきたわけだが、驚くほどはっきりと同じパターンに陥る。浮気だ。

どれほど道徳観念があろうと信心深い人であろうと、意外なほどシンプルな過程をたどって情事に足を踏み入れる。

なぜなら、基本的な欲求をパートナーが満たしてくれないと、必ず渇きが生まれるからだ。その**欲求が満たされるような変化が夫婦間で起きなければ、結婚生活の外でそれを満たしたいという誘惑にあらがいきれなくなる。**

浮気や不倫の心配のない結婚生活をおくりたいなら、現実から目をそむけてはいけない。いくら欲求が満たされていなくても、自分のパートナーは大丈夫、と信じている人は、いつかひどいショックを受けることになるかもしれない。

だから、相手が浮気をするかもしれないというサインを見逃さないようにし、なぜ浮気をしたくなるのかを理解しよう。そして、浮気しかねない状態になったときには、いまの結婚生活に足りない面を強化していく方法を学ばなくてはならない。

〝相いれない〟関係から〝離れがたい〟関係へ

私たちの社会では、他人の欲求を満たすこと、とくに結婚相手の欲求を満たすことについて学ぶ場がない。だから、恋をしたふたりが結婚したからといって、必ず幸せに暮らせるとはかぎらないのが、結婚という社会制度の難しいところだ。

結婚とは、異性の欲求を満たすための特別な訓練と力を要する複雑な関係だと認識しないかぎり、破滅的な道をたどることになってしまうだろう。

本書では、浮気や不倫から離婚にいたってしまう、いわゆる〝悪い〟結婚についても多く触れていく。そして、どうすればそういった心配のない結婚にしたり、危機を乗り越えたりすることができるのかをアドバイスしていく。

この**アドバイスを取り入れれば、充実した結婚生活をおくることができるし、パートナーがお互いにこのうえない魅力を感じる、素晴らしい関係を築くことができる**だろう。

そんな魅力をもった男性、あるいは女性になるにはどうしたらいいかを伝える前に、先述したことをここでもう一度繰り返したい。

「男性がある5つを最も大切な欲求として挙げ、女性が残りの5つを最も大切な欲求として挙げるというのは、あくまで一般的な話であって、選ぶ項目は人によってまちまちだ」

これから述べることは、あくまで一般的な話なので、あなたたち夫婦の欲求に合うように修正したうえで参考にしてほしい。

女が愛してやまない魅力的な男とは

まずは、女性が愛してやまない魅力的な男性になるために、女性の最も大切な5つの欲求を見ていこう。

1．愛情表現をしてほしい

メッセージカード、花束、愛情の感じられる会話などで、相手を大切に思っていると伝えることができる。毎日、キスをしたり抱きしめたりして、愛情をはっきりと表現しよう。

2．会話をしてほしい

毎日、その日の出来事、子どものこと、現在の関心事、将来のことなどについて、よく話すこと。女性は誰よりもパートナーと会話することを求める気持ちが強い。

ところが、付き合いが長くなったり結婚したりすると、それまでは多くの時間を会話に費やしてくれたパートナーが、話す意欲を失うことに多くの女性たちは欲求不満をつのらせている。だから、忙しくても「話している時間はない」と言ってはいけない。

3．誠実でいてほしい

誰もがパートナーと誠実な関係でいたいと願っている。それは安心感につながるからだ。だから、つねに自分のことをオープンにしておくこと。あとで彼女が知って驚くようなことはしてはならない。

ポジティブなこともネガティブなことも共有し、過去の出来事や日々のスケジュール、将来の計画などについても話し、嘘のない言動をすること。誠実なコミュニケーションがなければ相手を信頼できず、ふたりは歩み寄れずに心も離れていくだろう。

4．経済的な安心感がほしい

家族の衣食住に責任を持つこと。もし家族の基本的な生活を支えるのに十分な収入がない場合は、給料を上げるために自分のスキルを高めることを考えよう。多くの女性は〝経済的な安心感〟を期待して結婚することを心にとめておこう。
もし妻がキャリアを追求したいと考えているならそれを応援する。ただし、家族の生活費は妻の収入をあてにしないこと。

5. 家族との時間を大切にしてほしい

子どもが生まれると、とくに女性は夫に「家族で過ごす時間をとってほしい」と望む。それは、子どもの食事や着替えなどの世話をするだけでなく、道徳心や教養を身につけさせるために、十分な時間と労力を割いてほしいということだ。

子どもをうまく育てられるように、夫婦で納得のいくまで子どもの教育の仕方や目的について話しあおう。自分が育児に関わることが、妻にとって大事だということを理解しよう。

男が愛してやまない魅力的な女とは

次に、男性が愛してやまない魅力的な女性になるために、男性の最も大切な5つの欲求を見ていこう。

1．性的に満足させてほしい

結婚するとき、カップルはお互いに終生、誠実であることを誓うが、それはお互いが唯一の性のパートナーであることに合意するということだ。このとき、ふたりはお互いの性欲を満たし合えると信じている。

結婚後、この欲求が満たされるかどうかは、とくに男性にとって大きな問題である。妻が素晴らしいセックスパートナーになれば、男性の欲求を満たすことができる。自分の性的な反応についてよく学び、どうすれば自分のいいところを引き出せるかを知って、理解しよう。その情報をパートナーと共有し、お互いに満足して楽しむことのできる方法を学ぶこと。

2. 一緒に趣味を楽しんでほしい

彼がいちばん好きな趣味に興味を持ち、自分もできるようにしよう。もし楽しいと感じられなければ、ほかに一緒にできる趣味を考えることを提案する。

結婚するとふたりの関係は大きく変わるものだが、パートナー同士、結婚後もお互いの最も楽しい遊び仲間でいるよう努力しよう。

3. 魅力的でいてほしい

ほとんどの人にとって、外見は愛を深める大きな要因のひとつである。実際、外見に惹かれたという男性は多いが、この欲求は一時的なもので、ふたりの関係がはじまるときにだけ重要だと考える人もいる。お互いをもっとよく知るようになれば、外見的な魅力よりも内面を知りたいという欲求のほうが強くなるという意見もある。

しかし、現実にはパートナーに魅力的でいてほしいという欲求は半永久的に続く。だから、食生活や運動に気を配り健康的でいるように努力し、趣味がいいと思えるファッション、ヘアスタイル、メイクをすること――これらは非常に主観的なものだが、パートナーにいつまでも魅力的だと感じてもらうためにも、外見を美しく保つ努力は必要である。そうすれば、夫は家にいるときは妻を魅力的だと思い、外に出るときは妻のことを誇らしく思う。

4．尊敬、賞賛してほしい

男性は尊敬されたい、賞賛されたい、評価されたい、感謝されたいと強く願う。だから、女性にほめられただけで、その女性のことを好きになってしまうことも多い。

反対に言えば、女性はパートナーを批判しないように注意しなければならない。無意識に男性のプライドを傷つけていることもある。

このことをよく理解して、パートナーを誰よりも賞賛して、高く評価しよう。存在価値や功績を本人に気づかせ、自信をつけさせる。批判するのをやめ、誇りに思うこと。それを義務感からではなく行い、自分が誰よりもよく知っているパートナーに対して、深い尊敬の念をもとう。

5. 家事をしてほしい

男性の〝家事をしてほしい〟とは、快適な家庭環境をつくってほしいということだ。つまり、食事のしたく、後片づけ、洗濯、掃除、子どもの世話など。自宅をきれいに整理整頓し、仕事のストレスから解放されるような空間を提供する。夫が家族と自宅で過ごす時間を楽しめるように、家を切り盛りすること。

昔は当たり前のようにすべての男性にこの欲求があり、女性もその欲求を満たすものと思われていた。だが、いまでは多くの男性が愛情表現や会話といった女性に特有の欲求をパートナーに満たしてもらうことを求めている。反対に、とくに仕事を持っている女性は、パートナーに家事を分担してもらいたいと思っている。

しかし、いつの時代も〝家事をしてほしい〟という欲求が、男性にはあることを忘れてはならない。男性をうまくやる気にさせながら、家事を分担していこう。

自分の最も大切な欲求を知る

私が挙げた欲求が自分の最も大切な欲求かどうか、あるいは自分のパートナーの最も大切な欲求かどうか、まだ釈然としない人もいるだろう。

すでに述べたとおり、どの欲求があなたやパートナーに当てはまるのか、私が確実に言いあてることはできない。だから、あなたとパートナーの欲求について、ぜひ考えてもらいたい。

恋に落ちることほど素晴らしい経験はない。しかし、**愛情はつねに手をかけて育んでいかなければならない**ものである。

もしいま、あなたがパートナーに対して恋愛感情を失っているのなら、お互いの欲求をもっと効果的に満たすことのできるスキルを学ばなくてはいけない。はじめは難しいかもしれないが、何度も繰り返していれば、そのうち自然にパートナーへの心配りができるようになるだろう。

ひどい結婚生活にするよりも、素晴らしい結婚生活にするほうがはるかに簡単である。夫婦がお互いの最も大切な欲求を満たし合えるようになれば、人生で最も大切なことを身につけたと言っても過言ではない。

自分の欲求をパートナーに伝えることで、お互いへの理解が深まれば、あなたもきっと情熱的な結婚生活を長く続けることができるだろう。

私はこれまで半世紀にわたる結婚生活で誓いを守ってきたけれども、それは私が強い意志をもった美徳の手本のような人間だからではない。妻と私がお互いの大切な欲求を満たし合ってきたからだ。婚姻外の誰にも、それを満たす権利を与えてはこなかった。

人間の欲求は、いわば得点が積み重なるように満たされていくものだ。そのことをよく理解できるように、これから愛情銀行《ラブバンク》という考え方を紹介しよう。あなたは気づいていないかもしれないが、あなたのなかにも愛情銀行がある。

Why Your Love Bank Never Closes

愛情はいつも“カウント”されている

ほとんどの人は、結婚というものがどういうものかわからないまま、結婚の誓いをする。私たちは〝正しい〟組み合わせのカップルならいい結婚だと、極めてあいまいに考えている。もし結婚がうまくいかなければ、ふたりが〝間違った〟組み合わせのカップルだったと考える。

たしかに、本質的に気が合わないふたりが結婚することはあまりない。けれども、結婚がうまくいかない原因の多くは、夫婦のどちらか一方、あるいは双方が、相手の欲求に気づかなかったり、それを満たすことができなかったりすることにある。

その結婚が正しいのか間違っているのかは、あいまいな〝相性〟というものによるのではなく、どれほど相手の欲求を満たそうという気持ちがあるか、どれほどそれを満たすことができるかによる。

では、相手の欲求を満たしたいと思っているのに、それができない、あるいはそのためのスキルがないときはどうしたらいいのだろうか？

大丈夫、いつでもやり直すことができる。気持ちのすれ違いによって傷ついたふたりの愛という名の船は、港で修理を受け、再装備することもできる。そして、再装備できたら、その船はより速く、より遠くまで進むことができるだろう。

だが、私の最終的な目標は、浮気や不倫という暗礁に乗り上げた結婚生活を救うことではない。恋愛感情を持ち続け、年を経るごとにお互いがより親密で、より近しくなるような関係を築くことで、浮気や不倫の心配のない結婚にする方法をお教えすることだ。

そのためには、相手が何を求めているのかを知り、それを満たす方法を知っていなければならない。

しかしその前に、なぜ人の欲求がそれほど強いものなのか、何にも増して大切なのかを考えてみよう。私たちは心のなかで、相手が自分の欲求をどの程度満たしてくれているか、無意識に点数をつけている。点数が高くなれば、そのぶん愛情も増える。そのイメージをつかんでもらうために、**〝愛情銀行〟**という概念を使って説明しよう。

誰でも〝愛情銀行〟を持っている

私たちの心のなかには、愛情を貯めておく愛情銀行がある。そこにはいくつもの口座があり、ひとりの知り合いにつき、ひとつの口座がある。知り合いと交流を持つたび、その人の口座にある愛情は増えたり減ったりする。楽しければ振り込まれ、苦痛なら引き出される。

たとえば、私がある友人に会ったときに心地よく感じたら、1点あるいは2点の愛情が彼の口座に振り込まれる。彼とやりとりをしたことで気分がよくなればさらに5点、とても幸せな気持ちになれば10点以上が振り込まれることもある。

反対に、別の友人に会ったときに落ち着かない気持ちになったとしたら、1点か2点の愛情が彼女の口座から引き出される。不愉快な気持ちになればマイナス5点。最悪な気持ちになったと思えば20点以上が引き出されるかもしれない。

このように**日々、生活をしていくなかで、愛情銀行にある愛情は増えたり減ったりする。**多くの愛情を貯めることができた相手もいるだろうし、交流がそれほど多くない相手の場合は、赤字ではないけれども愛情の貯金は少ないかもしれない。一緒にいて楽しいことと苦痛なことのどちらもある相手の場合は、振り込まれる点数と引き出される点数が同じくらいだから、つねに残高は変わらないかもしれない。

なかには赤字の人もいるだろう。一緒にいると楽しいと感じるよりも、苦痛に感じることのほうが多い相手ということだ。私はそういう人のことを考えると気分が悪くなり、会うのも一緒にいるのも嫌だと思う。いってみれば、私の愛情銀行にある彼らの口座からは、残高以上の愛情が引き出されてしまっている状態だ。

愛情銀行をめぐるラブストーリー

もうおわかりのように、愛情銀行というのはあくまで概念上の話であり、誰かと会うたびに、私たちは相手の感情に影響を与えているという事実を強調するために考えたものだ。ある相手に対してどんな反応をするかは、ポジティブな感情やネガティブな感情の積み重ねによって決まってくる。

もちろん、それを自分で意識することはない。「いまので15点獲得だ！」とか、「ああ、これでマイナス20点だ……」などと考えることはないはずだ。それでも愛情は振り込まれたり引き出されたりする。

結婚生活においてはふたつの愛情銀行がある。夫の愛情銀行と妻の愛情銀行だ。たとえばジョンとメアリを例にとってみよう。ここでは、ジョンの愛情銀行に注目して考えてみたい。

ジョンは初めてメアリに会ったとき、すぐに特別な感情を抱いた。メアリは美しいだけでなく茶目っ気もあるうえに、知的で生き生きとしている。ジョンの愛情銀行にはすぐに15点が振り込まれた。

数日後、ジョンはメアリに電話をしてデートに誘った。ＯＫというメアリの返事を聞いて電話を切ると、さらに10点が振り込まれた。

デートの日、ふたりはとても素敵な時間を過ごし、最高の一日だとジョンは思った。20点がさらに振り込まれ、メアリの口座に貯まった愛情は45点になる。２回目のデートも楽しく過ごすことができ、15点の愛情が振り込まれた。

しかし、ジョンが3回目のデートに誘うと、メアリに断られてしまった。「本当に申し訳ないんだけど、何週間も前から決まっている予定があるの」と彼女は言う。

「もしよければ明日の夜はどうかしら？」

ジョンは彼女に会いたかったのでその提案にのり、翌日の夜8時に彼女を迎えに行って、ディナーを一緒にとることにした。

さて、こんなふうにちょっとしたネガティブな出来事があったあと、ジョンの愛情銀行にあるメアリの口座の愛情はどうなっただろうか。

ジョンはいろいろなことを回想する。

「彼女は今晩、一緒に出かけられないことをとても申し訳なく思っているようだった。でも、いつもぼくの都合に合わせることはできないだろうし、明日の夜はどうかと提案してくれた。大丈夫、彼女はぼくのことを好きでいてくれるに違いない……」

こう自分に言い聞かせたが、この一件で少しだけがっかりして、メアリの口座から1点が引き出された。

それから数カ月間、ジョンとメアリは定期的にデートに出かけた。ときにはネガティブな気持ちになることもあったけれど、楽しく素敵なデートのほうが多かったので、メアリの口座の愛情はすぐに500点になった。

ジョンの愛情銀行でこれほど愛情が貯まったのは、1年以上も前に別れたサラの口座だけだ。ジョンは、自分がメアリに恋をしていると強く感じるようになった。

6カ月後、メアリの愛情銀行の貯金は1000点になり、サラの残高をはるかに超えた。

ジョンのこれまでの人生で、これほど愛情が貯まった女性にいない。メアリ以上に愛せる人はいないと感じていた。そこで彼女に、「ぼくがいままでに出会った誰よりきみは魅力的で、知的で、感受性が高く、チャーミングで素敵な女性だ」と伝えた。

彼女と過ごす時間は、ポジティブで素敵な感情をたくさん引き出してくれる。ジョンはメアリとのデートを心待ちにするようになり、会えないときは彼女のことばかり考えるようになった。メアリを失ったらどうしよう。彼女なしでは生きていけない。

メアリがそばにいてくれたら、それだけで幸せだ。そして、ジョンはメアリとの結婚を意識するようになった。

一方、メアリの愛情銀行にあるジョンの口座の愛情も増えつつあったが、その増え方は一定ではなかった。ジョンに会うと、とても魅力的な人だと感じる。初めてのデートはとても楽しくて彼に好意をもったが、まだ確信にはいたらない。

メアリはとても好きだった昔の恋人、アダムのことが忘れられなかった。彼がメアリの高校時代からの友人と結婚することになり、メアリは振られたのだった。

次のデートのとき、メアリは突然、少し考える時間がほしいとジョンに告げた。「1カ月ほど会わないで、そのあいだ、ほかの人ともデートをしない?」と提案したのだ。

ジョンは打ちのめされた。これまでの人生のなかで最も傷ついた出来事だった。愛情がたっぷり貯まっていたメアリの口座から、30点がすぐに引き出された。

数日後、ジョンはメアリに電話をかけて考え直してくれないかと頼んだが、彼女の意志は固い。その次の週も何度も電話をかけたが、メアリは考えを変えてはくれず、1カ月ほど彼女のことはそっとしておこうと決めたころには、メアリの愛情の貯金は200点になっていた。

それからの1カ月、ジョンはみじめな気持ちで過ごした。メアリへの愛情は深まるばかりで、愛情の貯金は800点に増えていた。ほかの女性をデートに誘ってみたこともあったが、メアリには遠くおよばない。なぜならジョンはメアリに夢中で、ほかの女性とデートをしても楽しくないからだ。

約束の1カ月がたったころ、ジョンはメアリに電話をかけた。メアリが「あなたに会いたくてたまらなかった」と言い、翌晩のデートに応じてくれたとき、ジョンは天にも昇る心地だった。彼女は自分の気持ちを確かめるために、時間が必要だったと言った。

1カ月ぶりのデートは忘れられないものになった。その後のデートも最高に楽しかったし、その年の終わりには、メアリの口座の愛情は2000点にもなっていた。同時に、メアリの愛情銀行にあるジョンの口座の愛情も着実に増え、これまでで最高の1100点に達した。ジョンはあらゆる点でアダムよりも素敵で、メアリは結婚のことさら考えはじめた。

ある夜のこと、ふたりのお気に入りのレストランでディナーを楽しんだあと、ジョンはメアリにプロポーズした。これからの人生はきみを幸せにするために生きていきたい。もしぼくと結婚してくれたら、決してきみを傷つけるようなことはしないと誓う、と言った。メアリはプロポーズを受け入れ、短い婚約期間のあと、ふたりは夫婦となった。

〝愛情の貯金〟が気づかぬうちに減っていくとき

結婚1年目は幸せいっぱいだった。ジョンは付き合っていたころと変わらず愛情深くて、優しい夫だった。メアリも彼とのセックスに情熱的に応じた。一緒にいろいろなことをしたし、夢や希望もたくさん語り合った。ジョンの趣味に付き合えるように、メアリはテニスも習いはじめた。

メアリはジョンのことを誠実で信頼できる人だと思っているし、ジョンにとってもメアリは魅力的で自慢の妻だった。彼は彼女がパートタイムで秘書の仕事を続けながら、家事をきちんとこなしてくれることに感謝していた。ジョンはコンピュータアナリストで稼ぎもよかったが、ふたりで話し合って、メアリも好きなだけ仕事を続けることにした。

幸せいっぱいの結婚1年目に、彼らの愛情の貯金はどうなっていただろうか。興味深いことに、ジョンもメアリも結婚前と同じようなスピードで愛情が増えることはなかった。

それは、付き合っていたころよりも、幅広いさまざまな経験を共有するようになったことが大きな要因だろう。夫婦となったいまは、気分の良いときも悪いときも一緒にいる。愛情銀行にある愛情は、人生の浮き沈みに応じて増えたり減ったりする。

しかし、スピードは遅くなったとはいえ、ジョンの愛情銀行にあるメアリの口座の愛情はいまだに増え続け、前年より100点も増えていた。メアリのほうも同じで、それからの4年間、ふたりの愛情の貯金は増え続けた。

結婚して5年たっても、ジョンはまだメアリのことをとても愛していたし、メアリもジョンのことをとても愛していた。そろそろ子どもをもとうと話し合い、結婚6年目に入るころには、ティファニーという女の子が家族に加わった。

結婚生活がガラリと変わったのはそれからである。ジョンの人生にとってメアリは喜びだったが、彼は自分の気持ちが落ち込むことが多くなったことに気づく。小さなティファニーは愛くるしく、とても可愛かったが、いろいろと世話をしてやらなければならず、ときにはネガティブな感情を抱いてしまうこともあった。夜中のおむつ替えは楽しいものではない。

メアリはティファニーを母乳で育てないと決めたので、ジョンもティファニーをあやしたり、ミルクを飲ませたりしなければならなかった。そのころメアリは、妊娠中に増えた体重をなかなか落とせずにいた。

こうして、ささいな事柄が積み重なった結果、ジョンの愛情銀行にあるメアリの口座の愛情は、その年のうちに１００点も減った。それでもたいした減点ではないし、ジョンはメアリのことを深く愛している。

けれども、ティファニーが２歳になるころ、メアリがイライラしはじめた。パートタイムの秘書業では満足できなくなったのだ。もっと重要な仕事をしたくなり、子どもが巣立つのを待ってはいられないと思うようになった。

そこで、メアリはジョンに、大学に戻って学士号をとり、その後、MBAをとってもいいかと相談した。

「6年かかると思う。パートタイムの仕事はやめるから、日中はティファニーの面倒を見られるし、授業は夜間に通うことにするわ」

ジョンもおおいに賛成した。安定した職業で高収入を得ているので、メアリの稼ぎがなくても問題はない。彼はメアリが学校に行っている時間や課題に取り組む時間には、自分が子どもの面倒を見ると申し出た。

男の心にほかの女が入り込むとき

メアリは大学に通いはじめると一生懸命勉強し、素晴らしい成績をおさめた。しかし、いい成績をとるためには犠牲をともなう。ジョンにとってはありがたくないことだった。

彼がいちばんイライラしたのは、メアリがセックスにあまり応じてくれなくなったことだ。

彼女のジレンマはよくわかる。学校に通うには多くのエネルギーが必要だし、残りの時間を家事やティファニーの世話に使わなくてはならないのだから。ベッドに行くころには疲れ果てている。そんなときにセックスに応じてくれというのは酷な話だ。ジョンもそれはわかっていた。

ジョンは少ない回数でも我慢し、メアリがその気になってくれたときもセックスを早く終わらせるようにした。

けれども、メアリが以前のように自分を気にかけてくれなくなったり、土曜の朝に一緒にテニスをしてくれなくなったりしたことに、寂しさを覚えていた。いまでは自分と過ごしてくれる時間はすっかり少なくなったし、ましてやテニスをすることなどない。

週末になると、彼女は家事をしたり、月曜の授業に備えて課題に取り組んだりすることで一日があっという間に終わってしまう。

それから2年間、ふたりはこうした生活を続けた。ジョンの愛情銀行にあるメアリの貯金は少しずつだが確実に減っていった。メアリは勉強してばかりで、授業の内容についてジョンと話をしたりすることもない。

「あなたが昔、学んだことよ。それに、あなたは数学が得意だったでしょ。私は数学の授業はあまりとっていないのよ」

メアリの愛情銀行にあるジョンの貯金は変わっていない。なぜならジョンはいま、学びたいというメアリの特別な欲求を満たすために協力してくれているからだ。メアリもジョンと一緒に過ごす時間が減ってしまったことに気づいているし、ジョンが犠牲を払ってくれていることや、家族を大切にしてくれていることにも深く感謝している。

「私が学位を取ったら、きっとすぐもとどおりになるわ」

彼女はそう自分に言い聞かせ、勉強に精を出した。夫がどんな気持ちを抱いているかも知らずに……。

一方、ジョンは職場でノリーンという女性と過ごすことが多くなっていた。彼女が彼の部署に異動してきてから、定期的に一緒に仕事をするようになったのだ。

ノリーンの夫がほかの女性のもとへ走ってしまったときは、ジョンが彼女を慰め、支えとなった。それからの数カ月でふたりの友情は日ごとに深まり、ジョンの愛情銀行にあるノリーンの口座は数百点にまでなっていた。

日々起こる良いことや悪いことについて、ノリーンにはなんの気兼ねもなく話せる。ノリーンと話していると、かつてのメアリを思い出したりした。

ジョンは妻が忙しくてセックス（あるいは勉強以外の何か）に応じてくれないので、欲求不満を感じていることを打ち明けた。すると、彼女は彼の気持ちをよく理解し、実は私も離婚してから欲求不満なの、と打ち明けたのだ。

それから時間が過ぎ去り、メアリは学士の称号を得て、修士課程へと進んだ。

メアリはジョンに言った。

「あと2年頑張れば終わりよ。これまで支えてくれてありがとう」

ジョンは微笑んで、お安いご用さと言ったが、本心は違った。

「彼女は学位を取ることしか頭にないんだ」

次の日、ジョンはコーヒーを飲みながらノリーンに言った。

「彼女には学位を取ってほしいけど、そのために払う犠牲が大きすぎる」

その数週間後、メアリは中間テストの勉強で手一杯だった。同じころ、ジョンは大きなプロジェクトを抱えていて残業が続き、ノリーンも一緒に残業していた。

ある晩、ジョンとノリーンが夜遅くまでふたりきりで仕事をしていたときのこと。ジョンがふと、「寂しくてたまらない」とノリーンにもらした。次の瞬間、彼女はジョンの腕のなかにいて、ふたりは愛し合っていた。

ことが終わり、ふたりが家へ帰るために身支度をしているとき、ジョンはひどく動揺し、罪悪感に苛まれた。彼の気持ちを察したノリーンは、あなたの結婚生活を壊すつもりはないと言った。

「正直に言うわ。あなたのことを愛しているし、あなたを幸せにしてあげたいと思ってる。だから、会えるときにだけ会って愛し合うのはだめかしら。私はそれだけでいいの」

浮気・不倫を正当化する〝男の論理〟

家に帰る道すがら、ジョンは罪悪感を抱くのはやめようと考えた。実際、自分がうきうきしていることにも気づいた。メアリが悪いわけではないけれど、いまの彼女は自分の性欲を満たしてくれない。それに、ノリーンは一時的なセックスパートナーで構わないと言ってくれている。だったらいいじゃないか、と自分を正当化した。

もちろん、いまだけの関係だ。メアリが大学を卒業して、セックスをするエネルギーが戻ってくるまで……。

罪悪感が胸に去来するたび、ジョンは自分の満たされない欲求を理由に、それを抑えつけた。

それからジョンとノリーンは、少なくとも1週間に一度、ときにはそれ以上に関係を持つようになった。1年もたたないうちに、ジョンの愛情銀行にあるノリーンの口座の愛情は1000点になり、メアリの口座は1000点にまで減った。

彼はふたりを愛するようになったのだ。

性的な欲求不満がなくなったことで、ジョンとメアリの関係はぐっとよくなった。何をするときもティファニーと一緒にやり、家族での外出も精一杯楽しんだ。メアリの勉強がひと段落して彼女がセックスをしたがるときは、ジョンも熱心に応じた。けれども残念なことに、そんなことはめったになかった。

一方、ジョンとノリーンは、当然のように週ごとの逢瀬を繰り返していた。ジョンはふたりの関係が道徳的かどうか、振り返ることもない。大きなプロジェクトを抱えているジョンは相変わらず残業続きで、メアリは何の疑いも抱いていなかった。

友人のジェーンから話を聞かなければ、メアリがノリーンの存在を知ることはなかっただろう。ジェーンは、夫がジョンと同じ部署で働いているという女性から、ジョンとノリーンが休み時間になるとふたりで楽しそうにしているという話を聞いたという。ピンときて、ふたりのことを少しばかり探ってみたところ、浮気をしていることを知り、すぐにメアリに知らせてくれたのだ。

はじめはジェーンの話を信じなかったメアリだが、自分でも調べているうちに、浮気の現場を見つけることになった。

まさか見つかるとは思っていなかったジョンは驚き、動揺した。見つかって初めて心から深く反省し、メアリに許しを乞い、ことのいきさつを説明した。

「きみが勉強を頑張っているのを知っていたから、セックスに応じてほしいなんて身勝手なことは言えなかったんだ。ノリーンとは気づいたらこうなっていたが、ぼくにとって必要なことだったから関係を続けてしまったのだと思う。きみを傷つけるつもりはなかったんだ。いまなら自分がどれほど身勝手で愚かだったかよくわかる。もう二度とこんなことはしないよ」

メアリは深く傷つくとともに、腹を立てた。ひと言言ってくれればよかったのに、なぜ彼は自分の欲求を満たすために裏切ったりしたの？

このときになって初めて、メアリは学位を取りたいという自分の熱意が、思わぬ事態を招いてしまったと気づいた。メアリはこらえきれずに涙を流し、ジョンもすっかり打ちひしがれた。ジョンはメアリに謝り続け、もうノリーンには会わないと誓った。

メアリはジョンのことを心から愛していたので、彼を許し、自分も変わろうと思った。授業数を減らし、彼とテニスをする時間をつくった。週に何度かは情熱的にセックスにも応じた。

ジョンは二度と浮気はしないと誓ったけれども、浮気がばれてからの数週間は、最もつらい時期だった。

決意とは裏腹に、彼はメアリとノリーンの両方を愛していた。ノリーンには会いたいが、メアリを捨てるわけにもいかない。要するに、ジョンはどちらの女性も愛し、必要としていた。彼の愛情銀行には、どちらの女性の口座にもたっぷりと愛情がある。どちらか一方が欠けてもやっていけない。

どんなに努力しても、ジョンはノリーンから離れることはできなかった。つらい気持ちを楽にするために、ジョンがまたノリーンに会いに行くと、彼女もまた彼と会えなくて苦しんでいた。

ノリーンはジョンが帰ってきてくれたことを喜び、ふたりは情熱的な一夜を過ごした。そして、会っていることがばれないように、周到な計画を立てた。だが、間もなくメアリはそれにも気づいてしまったのだ。夫がすっかりほかの女性に夢中になっていることに。

なんのために結婚の誓いをしたのか

ジョンとメアリのような夫婦が私のところに来るのは、たいていこうなってからだ。夫のほうは、このままでは家庭が崩壊するので浮気はやめなければいけないと思っている。妻のほうは、相手の女性のことを考えるとどうかなってしまいそうなので、浮気相手とはさっさと別れてほしいと思っている。また、浮気相手の女性は、日陰の身で我慢していることにうんざりしている。そして、「奥さんと別れて自分と結婚してほしい」と男性にプレッシャーをかける。

問題は、浮気をしたほう（ここでは夫）がどちらとも別れることができない点にある。まるでふたつの干し草ロールのあいだでウロウロしているロバのように、どちらを選ぶか決められない。両方を少しずつ食べようとしているのだ。

こうした夫婦が救われる道はひとつだけ。それは、浮気相手ときっぱり別れられるかどうか。そして、夫婦が互いの基本的な欲求を満たすことを学べるかどうかによる。

きっといまあなたは、こう自問していることだろう。

「自分が相手の欲求を満たしてあげないと、浮気や不倫を心配しなくてはならないのだろうか。私の欲求を相手が満たしてくれないと、相手は私の浮気や不倫を心配しなければならないのだろうか？」

すでに述べたように、答えは「イエス」だ。

では、「なんのために結婚の誓いをしたのか」と言いたくなることだろう。

「夫婦がお互いに信頼できなくなったら、結婚生活はおしまいではないのか？」

私も結婚の誓いは大切だと思うし、結婚生活においては信頼こそがふたりを結ぶ重要な絆だと思っている。けれども、これまで何千組という夫婦を見てきて、私は否定しようのない真実を学んだ。それは、**基本的な欲求が満たされないと、人は浮気や不倫の誘惑に負**

けてしまうということだ。

しかし、ひとつひとつの欲求をよく吟味すれば、お互いを大切にする方法もわかるし、ふたりの結婚生活はますます充実したものになり、信頼関係もより深いものになるだろう。

前章で10項目の欲求を挙げたが、女性が最も大切だと思う5つと、男性が最も大切だと思う5つは異なる。

だから、パートナーの気持ちを理解するのは難しいし、夫婦のあいだには知らず知らずのうちに食い違いが生じるのだ。

どちらも相手が大切だと思っている欲求を満たすのではなく、自分が大切だと思う欲求を満たそうとするからだ。相手の欲求を満たしてあげているつもりなのに、相手はせいぜい少し喜ぶくらいで、面倒くさそうだったり、イライラしたり、つまらなそうだったりする。すると、なぜそんな反応が返ってくるのかわからずに、ふたりとも混乱してしまう。

自分がさほど望んでもいないものを与えられると、そういう態度をとってしまうものだが、それは自滅的だし、夫婦の仲を壊しかねない。**男性と女性の最も大切な欲求の優先順位は違うのだから、パートナーはお互いにゆっくりと、相手の最も優先順位の高いものを見つけていかなければならない。**

驚くことに、多くの人は直感で簡単にそれがわかると思っている。けれども、そうすることができるのは、お互いにしっかりと意思疎通ができている場合だけである。**相手が最も求めていることを満たすことができれば、想像以上に深い絆で結ばれた、満ち足りた結婚生活を生涯続けていける。**

この後の４つの章では、女性の最も大切なふたつの欲求（愛情表現、会話）と、男性の最も大切なふたつの欲求（性的な満足感、趣味）について見ていこう。

これまで多くのカップルのカウンセリングをしてきたが、たいていの男性は信じられないくらい愛情表現が下手だ。そして、ほとんど例外なく、彼らはセックスへの不満をもらす。

一方、満足度の高いセックスやその楽しみを理解できない女性たちは、「彼が欲しがるのは体だけ。愛情を示すだけでは足りないのかしら」と不平を言う。

双方が欲求不満になると、浮気や不倫をしたり、離婚を考えたりなど、簡単に破局に結びつく可能性がある。

では、どのようにすればそうならずにすむのかを、これからお伝えしよう。

The First Thing She Can't Do Without—Affection

女はパートナーから
“特別な愛情”を注がれたい

ジョリーンはリチャードと恋に落ちたとき、彼こそが自分の王子様だと思った。高校でバスケットボールをしている姿を見て夢中になった。彼は23歳のいまも、身長190センチ、体重88キロと筋肉質な体格を維持している。野性的な魅力にあふれ、力強くて物静かなタイプ。そんなところに惹かれたのだ。リチャードとデートするときはいつもわくわくしたし、彼に抱きしめられると胸が高鳴った。

「私たちの相性はぴったりだわ」と、ジョリーンは確信した。

けれども、結婚してわずか数カ月でその情熱は冷めはじめ、違和感を覚えるようになった。愛情をこめてちょっとキスをしたり、抱きしめたりしただけで、リチャードはすぐに性的に興奮してしまう。彼の体に触れると、決まってそのままベッドに行くことになってしまうのだ。

それに、〝力強くて物静か〟なところは、ひどい気分屋で秘密主義の性格の表れだったことにも気づいた。10歳のときに母親を亡くし、それからは父親とふたりの兄に育てられたことは結婚前に彼から聞いていた。

当時はそのことについて深く考えることはなかったが、いまになって、だからこんなに野性的で猛々しい人になったんだと彼女は理解した。

母親が亡くなる前から、リチャードの家族はあまり愛情表現をし合う家族ではなかったが、母親が亡くなってからはそれもほとんどなくなったことを、ジョリーンは知らなかった。そのような家庭環境で育ったリチャードは、愛情を相手に伝える方法を知らない。

結婚生活における彼なりの愛情表現はセックスをすることで、ジョリーンはそのことに幻滅した。結婚1周年を迎えるころ、ジョリーンのなかにあるリチャードへの愛情の貯金は減る一方だった。

そのころ、職場で新しい部署に異動したジョリーンは、ボブに出会った。彼は温かくて気さくな人柄で、誰にでも愛情を持って接することができる人だ。相手が男性でも女性でも、誰とでも仲良くできるフレンドリーな性格は、みんなに好感を与えた。

いつしかジョリーンは、ボブの姿を見るのが楽しみになっていた。彼に会うと心地よくて、思いやりが感じられるからだ。

そんなある日、ふたりは廊下で鉢合わせした。

「やあ、ジョリーン。元気かい？」

ボブはそう言って、ジョリーンを軽く抱きしめた。ジョリーンは何でもないふりをしていたが、抱きしめられたことで心臓がドキドキしていた。そのドキドキは、その後も数週間続いた。

そのうちメッセージをやりとりするようになり、何度か一緒に食事もした。ジョリーンの愛情銀行にはボブへの愛情が着実に貯まっていった。ジョリーンはボブから受ける言葉や笑顔やメッセージを、心から求めていることに気づいた。

そしてついに、彼女はこんなメッセージを送った。

「もう自分を抑えられない。あなたに恋をしたみたい」

ボブからはいい返事は聞けなかったが、それからも優しく愛情を持ってジョリーンに接してくれた。

ジョリーンはとにかく愛情に飢えていたので、それを満たしてくれるボブにのめり込みそうになったのである。

女にとって〝愛情〟は、ふたりの関係をつなぐもの

女性にとって愛情とは、安心、安全、快適、承認を象徴するもの。愛情表現をすれば、女性に次のようなメッセージを伝えることができる。

・きみのことを愛しているよ。ぼくはいつもきみの味方だ。
・きみはぼくにとって大切な存在だよ。だからいつも心配だ。
・きみが抱えている問題を気にかけているよ。それを解決する手助けをしたい。

とくに女性は、パートナーから抱きしめられたとき、こうしたメッセージを受け取る。また、女性はつねに相手の気持ちを確かめたいと強く願っているということを、男性は理解しないといけない。

女性に愛情を示す方法として、〝抱きしめてあげる〟ことを私がすすめるのは、それが男性が真っ先に学ばなければならない〝スキル〟だからである。これは彼女の愛情銀行に愛情を貯めるための、最もシンプルで効果的な方法だ。

たいていの女性は抱擁が好きだ。よく、子どもや動物に対しても、女性同士でもしているだろう。

もちろん、抱擁のほかにも女性に愛情を示す方法はたくさんある。思いやりにあふれた言葉をカードやメモに書いて渡し、気持ちを伝えることもいいだろう。

それから、いつの時代も女性が喜ぶものがある。女性はほぼ例外なく、花束をもらうのが大好きだ。だから、女性に花束をおくるのは、愛情を示したり気にかけていると伝えたりする、強力なメッセージになる。

ディナーに誘うことも愛情表現だ。妻に向かってこんなメッセージをおくっていることになる。

「いつも料理をつくってくれてありがとう。今日はぼくがきみをもてなすよ。きみはぼくにとって特別な存在だ。とても愛しているし、大切に思っている」

結婚したとたん、妻は車でも、家でも、レストランでもどこでも、自分でドアを開けなければならなくなる、というジョークがある。

けれども気のきいた夫なら、いつでも妻のためにドアを開けてあげるだろう。そうすることで、「きみを愛しているよ、大切に思っているよ」というメッセージを伝えている。

手をつなぐことも古くからある愛情表現だし、ディナーのあとに散歩をしたり、背中を優しくさすってあげたり、外出先から電話をかけたり、思いやりと愛情にあふれた会話をしたりすることでも、愛情の貯金は増えていく。それこそ〝愛を伝える方法は数えきれないほどある〟のだ。

女性にとって愛情とは、男性と絆を結ぶうえで最も大切なもの。愛情がないとパートナーから気持ちが離れてしまうが、それがあれば彼としっかりとした深い結びつきを感じることができる。

男が理解しなければならない女のセックス観

女性は愛情こそが大切だと考える。愛情を示すのも示されるのも大好きだが、それはセックスとはいっさい関係がないことを、男性は理解しなければいけない。

しかし、多くの男性はそれがわからない。男性にとって愛情表現は前戯の一部であることが多く、セックスとは切り離せない。だから、女性のほうも自分と同じだと思い込み、相手もすぐに興奮するものと思っている。

ここで、ブリアーナとブルースという夫婦の話をしよう。

最近、ふたりの仲は倦怠気味である。ブルースの性欲にブリアーナが思うように応えてくれないからだ。ブリアーナはブルースがセックスをしたそうな気配を読み取ると、いち早く彼の気をそらそうとする。

「ブルース、ちょっと落ち着いて。まずは手を握って抱きしめ合いましょう。初めに愛情を示してほしいの」

ブルースは男性にありがちな堪え性のなさで、少しイライラした調子でこう言う。

「ぼくのことはよく知ってるだろう。ぼくは愛情を示すタイプじゃないし、これからもそうはならないよ！」

カウンセリングではこんな類の話をよく聞く。セックスをしたければ愛情を示さなくてはならないことに、ブルースは気づいていない。

「自分は愛情を示すタイプじゃない」とぶつぶつ言いながら、自分の性欲を満たすために女性の体に手を伸ばす男性は、「ぼくはフレンドリーなタイプではありませんが、とにかくここにサインしてください。次の約束がありますので」と言って、契約をとろうとするセールスマンと同じだ。

女がパートナーのよきコーチになろう

繰り返しになるが、女性にとって愛情はとても大切なもの。だから、男性が自分と同じように愛情を返してくれないと混乱する。

たとえば、夫の様子を知りたくて、日中、携帯に電話をかけることがあるかもしれない。それは、自分も夫からそんな電話をもらいたいからである。でも、夫は妻がどうしているか気にして電話をかけることはほぼない。いや、妻のことをとても気にかけていたとしても、それを表すことはめったにないだろう。なぜなら、男性は愛情を示すことを女性ほど大切だとは思っていないからだ。

私が出張するとき、妻のジョイスはよく着替えの洋服の間に小さなメモをはさんでおいてくれる。愛しているわ、と書かれたメモなのだが、そのメモには別のメッセージもこめられている。自分も同じようなメモがほしい、と言っているのだ。だから、私は家を空けるとき、彼女の枕の下などに、同じようなメモを残すことにしている。

私と妻の欲求は同じではないし、満たされ方も妻とは違う。私はそのことに気づいて、その違いに応じたふるまいをしてきた。

たとえばショッピングセンターに行くと、妻は手をつないで歩きたがるが、そうしてあげることで彼女がどれほど満たされた気持ちになるかは、私にはわからない。それでも私は喜んで応じる。なぜならそのほうが妻も喜ぶし、そうすることで彼女に愛情を伝えることができるからだ。

カウンセリングに来た男性にこの話をすると、男としてのプライドについて質問を受けることがある。「妻の言うなりじゃないのか」と。

しかし、私はまったくそう思わない。ショッピングセンターで手をつなぐことで、自分は愛されて大事にされていると妻が思ってくれるなら、それを断る理由がどこにあるだろう。

私に愛情の示し方を教えてくれた妻には感謝している。私は結婚するとき、妻のことを大切にすると誓ったのだから、妻の望むようにうまく愛情表現できる方法があるなら、喜んでそれを学ぶ。

ほとんどの男性は、もっとうまく愛情表現することを学ばなくてはならない。その習慣が身についている人は、きっといいコーチがいたのだろう。それまでに付き合ってきた人から学んだのかもしれないし、妻から教わったのかもしれない。

ここに挙げる小さな習慣を心がけてくれるように彼にお願いすれば、彼もあなたを喜ばせることにもっと前向きになるだろう。

・毎朝ベッドから出る前に、抱きしめてキスをする。
・一緒に朝食をとっているときに「愛しているよ」と言う。
・仕事に行く前に抱きしめてキスをする。
・日中、何気なく電話をする。
・仕事が終わったら〝帰るコール〟をする。
・仕事から帰ってきたら、抱きしめてキスをする。そして、今日一日の出来事を聞く（あなたの一日についても聞かせてほしい）。
・夕食が終わったら後片づけを手伝う。
・寝る前に抱きしめてキスをする。

・ときどき花束をサプライズプレゼントする（メッセージカードをそえる）。
・誕生日や記念日、クリスマスなどの特別な日を忘れない。そして、実用的なものではない、素敵なプレゼントをする。

本書を通じて私が繰り返し述べる大切なことは、**〝パートナーの欲求を知るだけでは、その欲求を満たしたことにはならない〟**ということだ。その知識を行動につなげる習慣を身につけなければ意味がない。**行動をして初めて、その欲求を満たすことができる**のだから。

愛情を持っていれば、別に妻の期待に応えなくてもいいと思うのはやめよう。**妻が何を求めているかを知っているのに、それを満たすことができないでいると、夫婦関係は気づかないうちに悪くなっていく。**そうなってから「知らなかったんだ」と弁解しても遅い。

習慣を身につけるのは時間がかかる。何週間、ときには何カ月もかかることもあるだろう。ふるまいを変えようとすると、はじめはどこかぎこちなく感じたりするものだ。けれども何度も繰り返していれば、やがて自然に、自発的にできるようになる。

ただ妻の欲求を満たすためだけに愛情表現をしていては、その習慣を身につけるのは難しい。妻のほうも、夫が自分と同じように愛情表現することに興味がないと、はじめは腹を立てるかもしれない。

しかし、夫もそのうち愛情表現することを楽しめるようになっていることに気づくだろうし、そのときは妻もそれまでのいきさつなど気にしなくなっていることだろう。

そうなれば、ふたりとも勝者である。妻は自分の求めているものを得ることができるし、夫は妻の欲求を満たすことを楽しめるようになるのだから。

女は愛情がなければセックスはできない

結婚生活にとって愛情は〝環境〟で、セックスは〝出来事〟だ。愛情は人生そのものであり、結婚生活を覆って守るための天蓋である。

相手のことを愛しているという気持ちをはっきりと、納得できるように表現するからこそ、セックスという出来事が起こるべくして起こる。セックスをする前に愛情を示してほしいという欲求は、女性にとって自然なものなのだ。

しかし、**男性は愛情をすぐにセックスと結びつけてしまうので、セックス抜きの愛情を学ぶことが大切である。**男性には性的な方法以外で妻に愛情を示す方法を知ってもらい、ただセックスをするためだけの愛情表現をやめることを学んでもらいたい。**ふたりのやりとりには、つねに愛情にあふれた言葉や行動が必要なのだ。**

セックス抜きの愛情について話をすると、多くの男性は困った顔をする。そして、情熱的な逢瀬を繰り返していた恋愛時代のことを思い出してこう言う。

「結婚する前のように、妻が興奮しなくなったのはなぜなんでしょう？」

それは、付き合っていたころと同じように、男性が妻に接していないからである。結婚後、夫は前戯などすっ飛ばして、すぐにメインイベントにいって構わないと思っていないだろうか。でも、夫が前戯だと思っているものは、妻にとっては〝メインイベント〟かもしれない。

ほとんどの場合、女性はセックスをする前に、パートナーと精神的に結ばれていると感じたいと思っている。**女性にとってセックスとは、心の絆を体で表すことだ。**女性は愛情を伝え合ったり、ゆっくりと話をしたりすることで心の絆を感じる。

女性が浮気や不倫をするのは、精神的に結ばれたいと思う気持ちがあるからだ。男性から愛していると言われ、たっぷりと愛情を注がれているうちに、性的な関係をもってしまうというのが女性の典型的な浮気だ。

だが、心の絆が強ければ、結婚生活においても浮気をするときのような興奮を覚えることができる。いっときの感情を比べただけで、自分の正しい相手は夫ではないと考えるのは悲しい誤解ではないか。

夫が愛情という土台をしっかりと築きさえすれば、夫婦の絆は修復され、浮気の真の姿が見えてくるだろう――自分にとって大切な欲求を満たそうとするあまり、道を間違えてしまったということに。

愛情がほしいという欲求は、女性にとって最も大切なものだ。けれども、男性にとってはセックスが同じくらい大切な欲求なのだと女性が理解しないかぎり、これまで私が述べてきたことはまったく意味をなさない。

次章では、男性にとってのセックスについて詳しく説明しようと思う。

女性が男性の性欲について理解しなければ、男性は欲求不満を抱いてしまうだろう。それならまだいいほうで、最悪の場合には、パートナーの欲求を満たしてくれる第三者が現れる。

私たちの社会ではそんな悲劇がよく起こるが、夫がより愛情深くなり、妻が夫の性欲に応えられるようになれば、そんな事態は避けられる。

幸せな結婚の法則 #1

愛情とセックスは、どちらが欠けてもいけないもの。お互いの最も大切な欲求を理解することが第一歩。

The First Thing He Can't Do Without—Sexual Fulfillment

男と女はベッドの上ですれ違う

「結婚する前、ジムはとてもロマンチックで愛情深い人だったの。それがいまではフン族の強欲なアッティラ王みたい」

「ジョニーはセックスがしたくなると、私の気持ちなんてお構いなし。すぐにしないと気がすまないの。自分が満足することしか考えていないのよ」

カウンセリングで女性たちのこんな意見を聞くと、彼女たちがいかに幻滅しているのかがわかる。かつては彼女の夫たちも愛情表現を怠らず、女性を夢中にさせたことだろう。ところが、結婚したとたん愛情はどこかへ消え去り、残ったのは性欲だけ。恋愛時代の愛情は、女性をくどくためのただの策略だったのだろうか。

「では、なぜ彼はそうなってしまったのだと思いますか?」と、私はいつも尋ねる。

「私のことなんてどうでもいいからよ。彼の頭にあるのはセックスのことだけ」

おおかたこんな答えが返ってくる。

彼女たちが抱えている問題は、リアルでよくありがちだ。

結婚とは、ある条件によって結ばれた関係である。夫婦がお互いの欲求を満たそうとしなければ、紙の上では婚姻関係にあったとしても、結婚生活がもたらす幸せや満足感を得ることはできない。けれども、ふたりがお互いに歩み寄ろうとする気持ちを持っていれば、問題を解決するのはそれほど難しいことではない。

前章では男性にとってかなり厳しいことを書いたが、それは、愛情表現ができないのはとても大きな問題だと心から思っているからだ。先述したとおり、〝結婚生活にとって愛情は環境で、セックスは出来事だ〟ということを忘れないでほしい。同時に**女性には、男性にとってセックスがどれほど特別なものなのかを理解してほしい**。

男の人生最大の誤解から生まれる悲劇

男性がひとりの女性を妻に選ぶとき、彼女に対して生涯、誠実でいようと誓うものだ。〝死がふたりを分かつまで〟、妻がただひとりのセックスパートナーとなるはずだと思っている。なぜなら、自分が妻に対して性的な魅力を感じるのと同じように、妻も自分に性的な魅力を感じてくれていると思っているからだ。自分がセックスをしたいときには、いつも応じてくれると信じている。

ところが残念ながら、いつしかこの妻への信頼は人生最大の誤解だったと気づくようになる。自分にとって大切な欲求なのに、それに嫌々応じている妻の気持ちを尊重して、男性は性交渉を控えるようになる。そして、苦境に立たされる。

信仰心の篤い人や、道徳心の高い人ならそんな不満もコントロールできるが、多くは我慢できず、家の外でセックスをする場所を見つける。

そんなとき男性は、「妻が性的な欲求に応えてくれなかったからだ」と、自分の行動を正当化することだろう。妻は当然、傷ついて怒り、苦しむことになる。

しばしば男性は、ほかの女性に性的に夢中になってしまうことがある。銀行の頭取、成功した政治家、各界のリーダーでさえ、性的な関係のために自分のキャリアや功績を投げ出したりする。この関係を失ったら自分の人生はすべて無意味だ、ときっぱりと言うくらいだ。

性欲のせいで血迷い、理性を失ってしまった哀れな彼らの話を、カウンセリングで聞くことがある。普段なら、知的で、責任感にあふれ、成功している彼らは、尊敬に値する人間に見えることだろう。けれども、完全に道を踏み外してしまったのである。

こうした一連の騒動は馬鹿げていると思うかもしれないが、これまでカウンセリングをしてきた経験からすると、半数以上の夫婦が相手の不誠実さで悩んでいるのが実情だ。

しかし、こんな悲劇もちょっとしたことで未然に防ぐことができる。それにはまず、男性と女性の性欲の違いを理解するところからはじめよう。

男と女の性欲の違い――ふたりで楽しむために必要なこと

性に関して、男性と女性には3つの大きな違いがある。

①性衝動――性欲をうながすホルモンであるテストステロンの分泌量が、男性は多いのに対して女性は少ないため、男性のほうがより性欲が強い。

②性意識――男の子のほうが女の子よりも性欲に目覚めるのが早い。

③性交する理由――男性にとっていちばんの理由は性欲を満たすため(①で述べたとおり、男性のほうが性衝動が強い)。一方、女性にとっては親密さや心のつながりを確かめるた

め。

この違いを踏まえて、結婚生活において夫婦の両方がセックスを楽しめるようにするにはどうしたらいいか。

まずは**それぞれの考えを相手に伝え、話し合い、ふたりにとって満足のいくセックスにする方法を探すことが大切**だ。そうすれば、結婚生活で最もよく起こる、この問題の解決策を見つけることができるだろう。

これから男女のセックスの違いを詳しく説明しよう。ロマンチックというよりは医学的な内容だが、ぜひ読んでほしい。これから述べることを理解すればするほど、お互いの性的な欲求をうまく満たせるようになるはずだ。

愛を交わし合うときに、精神的、生理的にどんなことが起きるのかを知れば、セックスの問題のほとんどは解決できるだろう。

このあとの４つの段階を、どうすれば女性が楽しめるかを男性が理解し、実行することができればそれも可能になる。

1．興奮期――ロマンチックな気分になれる序章

男性はさまざまなものによって性的に興奮するが、いちばんは視覚によるものだ。男性向けの雑誌、カレンダー、映画、ビデオなどを見ればわかるように、裸の女性を見るのが好きである。

男性は一日に何度も興奮する。たとえば、エレベーターのなかでの香水の匂い、女性が歩く姿、露出度の高い服を着た女性の写真、そしてただ夢想しただけのときもある。

女性は男性がほかの女性を見て興奮することに失望するが、それは彼が見境のない人だとか、不誠実な人だとかいうことではない。どちらかといえば無意識に、ただ男性特有の反応としてそうなってしまうのだ。そのことを理解しなければいけない。

一方、女性はもっとずっと複雑で繊細である。女性誌に載っている男性のヌード写真には興味を示すが、それは性的な刺激のためというより、作品として興味があるというくらいだ。

男性の場合、性的な欲望はそのまま性的な興奮へと簡単につながるので、このふたつが違うものだと考えることはない。けれども女性の場合、このふたつには大きな違いがある。

女性が性的に興奮するのは、精神的な刺激である。相手への愛情の度合いによって、性

的に興奮するかどうかを決めるため、そういう気分でないときに触れられると、防御的になったり腹を立てたりする。

つまり男性は、女性が望んだときしか女性を性的に興奮させる権利がないということになる。

女性は性的に興奮すると、触覚による刺激を受け入れる準備ができ、体の愛撫（とくに乳房や乳首）やクリトリス周辺の刺激に反応できるようになる。興奮しているときなら、女性も性交に応じやすくなる。

セックスがはじまると、女性はクリトリスや膣口に強い刺激が必要となる。そして、この刺激をもっと得るために、次のようなことをする。

①恥骨尾骨筋（排尿を抑制する筋肉）を収縮させ、ペニスが挿入された膣を締める。
②骨盤を素早く押し出す。
③クリトリスが刺激され、膣口に入ったペニスへの抵抗が大きくなるような体位をとる。

自分にとっていちばん気持ちのよい体位を見つけさえすれば、満足度が高くなる。この肉体的刺激が数分続くと、次の段階へと進む。

2. 安定期――セックスを楽しむ最高の時間

女性がオーガズムを得るためには特別な強い刺激が必要だが、男性はそこまで必要としない。それほど刺激がなくても絶頂に達することができる。

残念なことだが、この違いが、男性の射精が早すぎる〝早漏〟という問題を生み出す。女性が早くオーガズムを迎えようとして局部を強く押しつける動作をすると、それが男性にとっては強烈な刺激になってしまう。すると女性がオーガズムに達する前に、男性は絶頂に達して勃起がおさまってしまうのだ。

一方、男性が絶頂に達するのを遅らせようとすると、安定期から興奮期に戻ってしまい、ペニスが軟らかくなってしまう。性交を続けることはできるが、パートナーが必要とする刺激を与えられるほどの硬さではなくなってしまう。

だから、男性は女性が安定期に達するために10分程度、オーガズムに達するまでにはさらに5分程度、自分自身の安定期を維持する必要がある。しかしほとんどの男性は、パートナーが十分な刺激を得て安定期を楽しみ、オーガズムに達する前に絶頂に達してしまう。

どんなに素晴らしい男性でも、この目標を達成するためには訓練が必要だ。

３．絶頂期――オーガズムに達する至福のとき

安定期に達することのできる女性は、あと一歩でオーガズムに達することができる。しかし、カウンセリングに来た女性のなかには、それほど頑張ってオーガズムに達しなくてもいいという人もいる。ときには達することもあるけれども、オーガズムに達しないセックスでも幸せだし、そうしなければいけないというプレッシャーを男性からかけられたくないという人もいる。

オーガズムに達するかどうかは女性の気持ち次第だ、といつも男性に話すのはそのためだ。これまでのカウンセリング経験から言えることは、エネルギッシュな女性はつねにオーガズムに達したいと思っているが、それほどエネルギーのない女性や、忙しい一日を過ごしたあとで疲れている女性は、それを望まないことが多いようだ。

一方、男性はエネルギーがあろうが疲れきっていようが、ほとんど絶頂に達したいと思っている。なぜなら、ほんの少しの努力で達することができるからだ。

この男女の違いを忘れないでいれば、いい関係を結べる。思いやりのある男性は、女性にオーガズムに達するようにプレッシャーをかけることはしない。それは、女性はオーガズムに達しなくてもセックスを楽しめることを知っているからだ。

4. 回復期——余韻の時間に愛は深まる

回復期をひと言で表現するなら、〝余韻〟だ。ふたりがお互いの腕のなかで、満ち足りた気持ちで過ごす時間である。しかし、男性と女性では絶頂期のあとの感じ方が違うため、このような理想的な状態にならないカップルは多い。

女性の特徴は、絶頂期のあとに安定期に戻って、望むならもう一度オーガズムに達することができることだ。このとき、女性は心からの幸福感につつまれ、愛情を求める強い思いが湧き上がる。この感覚はセックス後、1時間ほど続く。

一方、男性は回復期に女性と同じような気持ちは抱かないし、2回目の絶頂期を望むことはない。なぜなら1回目で絶頂に達した場合、2回目は1回目よりも多くの努力が必要になるからだ。

だから、短時間で3回絶頂に達するなど、ほとんど不可能である。女性と違って男性は、絶頂期のあとで安定期に戻ることはない。普通は興奮期に戻るが、それもわずかな時間だ。

多くの男性は絶頂期を迎えてからほんの数分で、セックスに対する興味を失う。だからすぐに起き上がってシャワーを浴びたり、横になったまま眠ってしまったりする。

男性は、回復期にある女性の微妙な感覚を知らなければならない。パートナーが望むのであれば、指での刺激によってもう一度オーガズムに導いたり、少なくとも15分から20分程度は愛情を示してあげたりするべきだ。穏やかな会話ができるこの大切な時間を無駄にしてはいけない。

一方、女性は男性が急に性的な興味を失ったのを見て、自分は拒否されたのだと考えてはならない。男性の性衝動はあくまで生理的なものであって、欲望を我慢していると高まり、絶頂に達するとすぐにおさまるものなのだ。

お互いの生理のしくみを知ることで、ふたりの愛はさらに深めることができるだろう。

結婚生活の黄金律とは、お互いの欲求を満たすこと

この章で私が述べたことに、イライラしたり嫌気がさしたりした人もいることだろう。だが、私があえてそう言うのは、そのぶん得るものも大きいからだ。

夫婦のカウンセリングをしていると、次のふたつの問題が繰り返し出てくる。それはあ

なたにとって厄介だったり、苦々しく思えたり、腹立たしく思えたりするかもしれないが、目をそむけてはいけない。

①男性は性衝動が強く、自分自身の性についてはよく理解しているが、愛情表現を含む女性を喜ばせるためのスキルが欠けている。自分の性欲を満たすことにしか興味がなく、女性の気持ちを考えないことが、女性を最も幻滅させ、さらに腹立たしい思いを抱かせる。男性が愛情を示すことを学べば、セックスはもっと素晴らしいものになる。

②女性は自分の性をよく理解していないため、男性の抑えきれない性欲についてもわかっていない。パートナーを性的に満足させるためには、自分も満足しなければならない。男性の欲求に応えるだけでなく、自分もパートナーと同じように、セックスを心から楽しむことを学ばなくてはならない。

女性がパートナーとセックスしたいと思うのは、パートナーに対して愛情を示したいというのが最も大きな理由である。だが、女性はそれをセックスとは呼びたがらない。〝**愛を**

交わす〟ことだと思っている。女性にとっては愛情、つまりパートナーのことを大切に思う気持ちの延長線上に、愛を交わすという行為がある。だから、愛情とは女性がセックスという〝出来事〟を望むための〝環境〟なのだ。

女性が愛を交わしたいと思う理由はもうひとつある。**女性はふたりで楽しみたいからセックスをしたい**と思うのだ。だから、女性がセックスを楽しむためには、男性の協力が必要である。

パートナーが結婚生活を楽しめないなら、あなたも結婚生活を楽しむことはできないだろう。パートナーのことを大切に思っていれば、身勝手に相手を利用したり否定したりすることはしないはずだ。

幸せな結婚の法則 #2

男女の〝性欲の違い〟を知れば、セックスの喜びもふたりの愛もより深まる。

The Second Thing She Can't Do Without—Intimate Conversation

女は親密な会話で関係を築きたい

付き合っていたころのジュリアとネイトは、いつまでも話が尽きなかった。会えないときには電話で話し、ときには1時間以上たっていることもあった。ふたりとも、とにかく会って話をすることが大事だったので、改まったデートなどをする必要はあまりなかった。

ところが、ふたりが結婚すると、話をする回数もぐっと少なくなった。ふたりともそれぞれのことに熱中する時間が増えたからだ。たとえ座って話をする機会があっても、ネイトの口数は次第に減っていった。仕事から帰ってくると、たいてい新聞を読んだりテレビを観たりして早く寝てしまう。しかしネイトはジュリアに興味を失ったわけでも、何かに落ちこんだりしているわけでもなく、ただ仕事の疲れを癒したいだけなのだ。

ある日、ジュリアはネイトに言った。

「ねえ、あなた。最近あまりおしゃべりをしなくなったわよね。前みたいにもっと話をしましょうよ」

するとネイトは答えた。

「そうだね、あのころは楽しかった。じゃあ、何について話そうか？」

ジュリアは口には出さなかったが、何について話したいのか自分でもわからないのなら、私たちに話すことはもう何もないわ、そう思った。

どうしてこうなってしまったのかしらと考えた。ネイトはいまでもしゃべるときにはよくしゃべる。野球仲間とはよく話をしているので、自分に対してだけ話をしてくれなくなったようで、彼を責めずにはいられなかった。

ネイトとジュリアは近所に住む同じ年ごろの夫婦、トムとケイと一緒に時間を過ごすことが多かった。トムはジュリアによく話を振ってくれるし、ジュリアも話すことに困ったことはない。

そのうち、ジュリアはトムとケイと過ごす時間が、1週間のなかでもいちばん楽しい時間になった。思っていることをいろいろと話すことのできるその時間が、待ち遠しくてしかたない。トムはいつも熱心に話を聞いてくれるし、うまく話をまとめてくれる。ジュリアの愛情銀行にあるトムの貯金はどんどん増えていった。

そうしているうちに、ふたりの友情は深まっていった。パーティなど、たくさんの人が集まるときには、トムはジュリアを見つけて話し相手になってくれる。ほかの集まりのときにも隣に座ってくれるし、共通の趣味のイベントがあれば誘ってくれる。

そのうちジュリアは、自分とトムとの関係が友達以上のものだと気づいた。そこである日、ジュリアは彼に恋をしていると、おずおずと打ち明けた。

トムが答えた。
「ジュリア、初めて会ったときから、ぼくもきみに恋をしているよ」
それから数週間もたたないうちに、ふたりは深い関係になった。

なぜ男は恋人時代と結婚後で変わってしまうのか

女性はよく、「なぜ彼は私と会話をしようとしないのでしょう?」と口にする。男性は女性ほど会話に対する欲求が高くないというのがひとつの答えだ。

女性の多くは、会話そのものを楽しむために会話をする。電話で何時間でも話をしたりするが、男性はただおしゃべりをして近況を報告し合うために電話をかけることはほとんどない。

では付き合っているときに、女性と個人的な話ができるのはなぜだろうか。ひとつはっきり言えることは、相手の女性のことを知りたいという欲求があるからだ。何よりもまず、彼女の抱えている問題を理解し、自分にできることなら助けてあげたいと思っている。つまり、彼女を幸せにして、満たされた状態にしてあげたいと思っているのだ。

彼女が電話をもらうのが好きだとわかれば、会えないときはいつでも電話をかける。すると、彼女のほうは、彼が自分のことをとても大切に思ってくれていると感じる。

カップルに必要な〝週15時間〟のルール

女性は自分のことを愛して、大切にしてくれる人と一緒にいたいと考えるものだ。自分のことを気にかけてくれていると感じれば、相手に親しみを覚える。これは、女性が相手と愛を交わしたいと思うには、欠かせない要素である。

だから男性が、きみのことを大事に思っているよ、と伝えたければ、親密な会話をしなくてはならない。愛情が結婚生活には欠かせないのと同じように、親密な会話も毎日しなくてはいけない。**女性にとって、親密な会話と愛情は切り離せないもの**なのだ。

では、いったいどれくらいの時間を会話に費やせばいいのだろうか。女性が会話をしたいと望む最低時間はどれくらいだろう。

そこで私は、さまざまなカップルにその質問をしてみた。交際中のカップル、結婚してもまだ恋愛感情を持ち続けている夫婦、浮気をしている夫婦。

この調査結果や、それ以降に集めた圧倒的なエビデンスから、**少なくとも週に15時間は相手のために割かなければいけない**ことがわかった。そして、その時間の多くをふたりで会話をするためにあてることが必要である。

こう言うと、多くの男性は、まるで私がおかしなことを言っているかのような顔をしたり、あるいはただ笑って、「つまり一日36時間必要だってことですね」と言ったりする。

そこで私は、「恋愛中にはどれくらいの時間を相手のために割いていましたか？」と尋ねることにしている。恋人のために週15時間ほどを割けない男性は、彼女に振られるのがおちだ。

恋愛中のカップルのデートではどうだろうか。ふたりは会う口実をいろいろと考えることだろう。映画を観に行ったり、ディナーに出かけたりと、一緒に楽しいことをするはずだ。だが実のところ、何をするかはどうでもいいのだ。ふたりはただ一緒にいたいからいる。そして、その時間の多くを相手への愛情を示したり、楽しく会話をしたりすることに費やしている。

お互いに相手のことだけを考えてデートをしているとき、それぞれの愛情銀行の貯金は増えていく。とくに女性の愛情銀行にある男性の口座には、多くの愛情が振り込まれるだろう。たくさんの会話によって、女性に恋愛感情が生まれるからだ。

けれども結婚すると、相手のために時間を割けないという夫婦がいる。とくに子どもが生まれたあとは、自分の時間はもっと大切なことに使いたいと考えるようになる。すると、そういう夫婦は、いつの間にかお互いへの愛情を失ってしまう。

男がセックスそのものを楽しいと思うように、女は会話そのものが楽しい

結婚生活をうまく続けるためには、有意義な会話が欠かせない。それにはさまざまな理由があるが、とくに私が重要だと思っているのは次のふたつだ。

①会話はそのほかの欲求を満たすうえでも必要なものであるため。

すでに述べたとおり、愛情を伝えるためには言葉が必要だし、ふたりにとって楽しいセックスにするためには、繊細なことまでよく話をすることが大切だ。

②問題が起きたとき、ふたりの意見が食い違うときの解決法を考えるため。

結婚とはパートナーシップであって、その関係をうまく続けるには、さまざまなことについてふたりが合意しなければならない。たとえば、友人や親戚との付き合い方、お金の使い方、時間の使い方、子どものしつけ方など多くのことがある。夫婦が話し合うためのスキルを持っていればこそ、お互いに納得のいく解決法を見つけることができる。

そして、ほとんどの男性が理解していないが、何よりも重要なのは、すでにこの章でも述べたとおり、会話そのものが大切だということだ。それ自体が女性の基本的な欲求を満たすことにつながる。

しかし、とにかく会話をしさえすれば愛情銀行の貯金が増え、恋愛感情を取り戻せるというわけではない。女性は自分の気持ち、これまでのこと、いまやっていること、そして将来の計画などをうまく話題にしてくれたり、悩み事や迷っていることを聞いてくれたりする男性に惹かれる。

女性の浮気や不倫は、親密な会話をしたいという欲求が発端となることが最も多い。夫が話をしてくれなくなった妻は、話し相手になってくれる男友達がいるくらいなら構わないだろうと思う。貞操さえ守っていれば、友人関係にあっても差し支えないし、道徳的にも問題ないだろうと考える。

問題は、親密な会話をしたいという欲求を、その男友達が満たしてくれればくれるほど、その人への愛情が貯まっていき、ついには夫ではなく、その人と精神的なつながりを感じるようになってしまうことだ。

それでも女性は、もう一度夫との絆を深めようと努力する。夫が自分と会話をしてくれれば、心のつながりを感じることができるはずだと考えるからだ。

「ジョージ、話をしましょうよ」

「何について？」

何もわかっていないジョージのこの無邪気なひと言が、キャサリンをいらだたせる。キャサリンが次のように言えば、ジョージも彼女の怒りがわかるだろうか。

「キャサリン、セックスをしよう」

「ジョージ、なぜ？　子どもはまだいらないでしょう？」

このときのジョージに対するキャサリンの答えを考えてみたら、話をしましょうとキャサリンが言ったときの、ジョージの答えがいかにおかしいかわかるだろう。

このような会話がよくカップルの間で繰り返されている。なぜか？　それは、会話の重要性についての考えをお互いに理解していないからだ。

ジョージがセックスそのものを楽しいと感じているように、キャサリンは会話そのものを必要としているし、楽しいと感じる。

ジョージにとって会話は目的をもってするもので、それ自体が目的ではない。だから、彼がキャサリンと話すのは、解決しなくてはいけない問題があるときだけだ。これはジョージだけでなく、ほとんどの男性にあてはまるのではないだろうか。

愛情銀行の口座を愛情でいっぱいにするには、パートナーと会話をすればいいのだとわかっていても、会話そのものが大切だということはわかっていない。

「今日はどうだった？」「何か悩み事はない？」

こんなひと言だけで、カップルはお互いに愛情を失わずにいられる。親密な会話とはそういうものだ。

浮気相手と夫婦のあいだで交わす親密な会話の違い

浮気中のカップルは、お互いに対してネガティブな感情は抱かない。話をしていても、相手を批判することは滅多にない。彼らの批判の矛先は、たいていパートナーに向いているからだ。だから、自分たちの相性は抜群だという幻想を抱き、愛情銀行の口座にある愛情はお互いにどんどん増えていく。

ところが浮気中のカップルも、欲求がうまく満たされなくなると、そのうち相手に失望することになる。相手の気持ちや興味を考えずに、何かを決めてしまうこともあるだろう。相手を不快な気持ちにさせるような言葉を口走ってしまうこともあるかもしれない。ちょっとしたミスでカップルのあいだに問題が生まれ、解決できなければ愛は冷めてしまう。

浮気中のカップルも、結婚生活と同じような問題が起こるまでは、お互いに相手のことを無条件に愛していると思っている。けれども、ひとたび問題が起これば、結婚生活がうまくいかなくなったのと同じように、浮気相手ともうまくいかなくなって幻滅することになる。「結局、私たちはソウルメイトではなかったということね」などと考える。

浮気相手と交わす親密な会話では、ふたりの問題を話し合うことはほとんどない。しかし、結婚生活のなかで交わす親密な会話では、夫婦の問題について話し合わざるをえない。なぜなら、お互いに大きな影響を与える関係だからだ。

だからこそ、相手には次の質問をしてみよう。

「きみの機嫌が悪いのは、ぼくのせい？」
「きみの機嫌が良いのは、ぼくのせい？」

もし私がしたことのせいで、妻のジョイスが不愉快になったのだとしたら、私はそれが何なのか知っておかなければならない。そうすれば、妻の気分を害するようなふるまいはもう二度としないようにして、代わりに何か妻が喜ぶようなことをすることができる。

反対に、私が何か妻の気分が良くなるようなことをしたのなら、それも私は知っておかなければならない。そうすれば、その行動をこれからも続けることができるし、もっと頻繁にやることもできる。

ふたりでこうしたことを話す機会がないと、よかれと思ってやったことが裏目にでてしまうこともある。だから、こういう会話はやってやりすぎるということはない。

〝愛情の貯金〟を減らす親密な会話の敵

夫婦のあいだで親密な会話ができなくなるのはなぜだろう。私は結婚生活でよく起こるそのことを、〝親密な会話の敵〟と呼んでいる。この敵は、夫婦間の問題を解決するのを妨げるだけでなく、夫婦からいっさいの会話を奪ってしまうこともある。そんな愛情銀行の貯金を減らす原因となる会話を見ていこう。

①自分勝手な要求を相手に押しつける

相手にしてほしいことを伝えるのは、まったく悪いことではない。だが、相手に対する

〝お願い〟が〝要求〟になってしまってはいけない。

パートナーに何かを要求するということは、相手がその要求に従うときに、どんな気持ちになろうが自分の知ったことではない、と言っているのに等しい。それでは、自分の欲しいものさえ手に入れれば、ほかのことはどうでもいいと言っているようなもの。もちろん、もっともな理由を50個ほど並べ立てることはできるだろう。

しかし、それを要求するということは、相手に断る権利を与えないことを意味する。すると、相手は親密な会話をすることができなくなる。

結婚生活で起こる問題にうまく対応するには、パートナーにこう聞いてみよう。

「困っていることがあるんだけど、解決策を一緒に考えてくれない？」

そうすれば、相手への気づかいを示すこともできるし、話し合う気持ちがあることを伝えることもできる。

②敬意を欠いた発言をする

相手への敬意を失わないというのは、パートナーの言うことすべてに同意しなくてはならないという意味ではない。実際、うまくいっている夫婦でも、口論になることはあるはずだ。けれども、相手と違う意見を述べるときに、攻撃的になってはいけない。

自分がどう感じようと、相手への敬意を欠いたことは言わないようにして、相手の感情に配慮すれば、論理的な話し合いができる。相手を軽蔑したような物言いをすると、愛情も減ってしまうし、ふたりが同意できる解決策を見つけるのも難しくなってしまう。だから、そういう態度は慎もう。お互いが納得できる着地点を探すはずが口論になり、腹を立てたほうが立ち去ることになってしまう。

③怒りをあらわにする

要求も敬意を欠いた発言も、親密な会話を妨げるものだが、どちらも本人に悪気はないという場合がある。

だが、怒りをあらわにするのは、相手を傷つけようとしてやる行為だ。だから、お互いに怒りを抱いたときは、冷静になるまで何も話さないほうがいい。そんな状態のときに何か話そうとしても、相手をののしるようなひどい言葉しか出てこないだろう。

人は怒りを感じると、一時的に精神錯乱状態になるので、怒りが鎮まるまでは何も言わないことをおすすめする。臨床心理士の私の言うことを信じてほしい。

人生のどんな場面においても、怒りをあらわにするのはよくないが、とくに結婚生活においては致命的だ。パートナーに向かってあんなこともこんなことも言いたいと思うだろうが、それは言わないにこしたことはない。自分が怒りを爆発させているところを録画したビデオを観ることがあれば、きっとあなたも私の意見に同意するはずだ。

④いつまでも相手の過去の過ちにこだわる

人生に失敗はつきものだし、結婚生活においてはとくにそうだ。パートナーを幸せにすることができなかったり、気分を害するようなことをしてしまったりすると、私たちは失敗してしまったと考える。

たとえば、パートナーの言動のせいで自分は傷ついた、という事実を述べることは決して悪いことではない。ここで伝えたいのは、相手の失敗にいつまでもこだわるのはよくないということだ。

もし妻のジョイスが、私の言動のせいで困ったり傷ついたりしたと言ったら、私はその言葉をそのまま受け入れるべきだろう。結局、彼女の気持ちは彼女にしかわからないし、そのとき、彼女は自分がどれくらい傷ついたのかを私に話すはずだ。

私に彼女の気持ちを思いやる心があれば、どうすれば彼女の心を癒やすような言動ができるのか教えてほしいと思うだろう。

けれども、彼女の言うことはもっともだと私が認めてもなお、彼女が私の失敗についてこだわり続けていたら、私は守りに入ってしまい、問題を解決したいと思う代わりに、それについてはもう話したくないと思うはずだ。そうなれば親密な会話はできなくなる。

相手を許すことがどれくらい難しいことか、いつまでも言い続けていたら、そのうち相手はその話に耳を貸さなくなるだろう。もう一緒にいたくないと思わせてしまうかもしれない。相手の失敗にいつまでもこだわっていると、そんなことが起こる。たとえ一緒にいたとしても、心は離れてしまうだろう。

〝愛情の貯金〟を増やす親密な会話の鍵

ここまで、親密な会話を妨げる4つの原因について述べてきたので、今度は愛情銀行の貯金を増やす鍵となる会話を見ていこう。

①何事もオープンにし、話題を共有する

結婚生活のなかでする会話には、精神的な結びつきを強めるという意義がある。夫婦が前向きになり、お互いを支えるような会話をすることが、何よりふたりの結びつきを強める。

しかし、批判し合うような会話になってしまうと、自分について誤った情報を相手に与えてしまうことになる。相手のことをこれ以上知りたくないと思うかもしれないし、パートナーに自分を知られるのが怖いと思うかもしれない。

そうやって、どちらも会話に乗り気ではなくなると、お互いの欲求をうまく満たし合うのが難しくなったり、まったくできなくなったりする。

円満な結婚生活をおくりたいなら、自分がどんなことを感じているのか、どんなことに興味を持っているのか、どんな活動をしているのかを伝え合って共有しよう。そして、相手からの質問には誠意をもって答えよう。すべて包み隠さず、お互いに知らせること。秘密を持たないことだ。

②相手の関心事に興味を持つ

以前、夫がまったくしゃべらないのが我慢できなくて、離婚を考えているという女性をカウンセリングしたことがある。当の夫と私がふたりきりで部屋にいるときは、会話にまったく問題はない。ところが妻が加わったとたん、彼は石のように押し黙ってしまうのだ。

問題のひとつは、彼女が夫に向かって話をするとき、親密な会話の敵をすべて使って話しがちだったことである。しかし、そのほかにも問題があった。彼女は夫が興味のある話をいっさいしなかったのだ。

私は少し話をしただけで、彼が興味を示す話題をいくつか見つけることができた。私と3人で話しているときにその話題が出ると、彼のほうも彼女に劣らずよくしゃべった。

妻が親密な会話の敵を使うのをやめて、夫の好きな話題について話すと、彼もきちんと話すことができる。そのうち、彼が話しやすい話題から話がどんどんふくらみ、彼女が興味を持っている話題にまで広がった。

まず大事なことは、相手の好きな話題について知ることだ。たとえ最初はその話題に興味を持てなかったとしても、それまで知らなかったことを知ることで、その話題に興味が持てるようになるだろう。

③会話のバランスをとる

親密な会話をするうえでいちばん大切なエチケットは、会話のバランスをとることだ。

先ほどの夫婦には、自分が話す時間を意識しながら会話をしてもらった。10分の会話のうち、妻は夫に話す時間を5分与えなくてはいけない。はじめはその時間に夫は何もしゃべらないだろうと思っていたようだが、彼女が彼を批判するのをやめ、話題を彼の興味のあることに移すと、彼は何の苦もなく5分話すことができた。

いい会話をしたければ、お互いの〝発言する権利〟に気を配るようにしなければならない。たとえあなたのパートナーが口を開くまでに時間がかかっても、必要なだけ待ってあげよう。また、パートナーが話し終えるまで、自分の意見を言うのは待とう。

相手の話をさえぎる癖がある人は、このバランスを崩してしまう。パートナーがまだ話し終わらないうちに、自分の考えを述べはじめたりするが、これは会話のエチケットとしてよくない。

④話をしている相手だけに意識を向ける

もし女性を怒らせたいなら、野球の試合中継を観ながら会話をすればいい。自分の話にまったく関心を示さない男性に、女性は腹を立てるだろう。

この章で述べたように、カップルにはお互いに意識を向ける時間を、週に15時間とることをすすめている。

私はカウンセリングに来たカップルに、相手に意識を向けていた時間を書いてもらうことにしているが、必ずといっていいほど女性が書く時間のほうが、男性が書く時間よりも短い。これは、男性よりも女性のほうが相手に意識を向けることの意味を、本当の意味でわかっているからだ。

そのようなふたりの大事な時間に、野球中継を観ながら会話をするなどもってのほかである。

愛情深い夫なら、妻が心の内をさらけ出すことができるような会話をするだろう。そうしていれば、妻の欲求をどうやったら満たせるかわかるようになる。けれども、会話そのものも、妻の大切な欲求を満たすものだ。

会話をしたいという妻の欲求を満たせば、夫婦はお互いのことをもっとよく理解できるようになるし、ほかの基本的な欲求を満たすにはどうすればいいかもわかるようになるだ

ろう。

そうすれば、ふたりの愛情銀行にはたくさんの貯金が増え、恋愛感情を取り戻し、お互いに魅力を感じ続けることができるようになる。

幸せな結婚の法則 #3

お互いを思いやるカップルは、会話のスキルを磨いて相手を尊重しながら会話をする。

The Second Thing He Can't Do Without—Recreational Companionship

男が求めているのは“最高の親友”

「やあ、シンディ。アランだけど」

「あら！　電話をくれるなんて嬉しいわ」

彼女は興奮したような、はつらつとした声で答えた。

「土曜日にローズボウルでやるブルーインズ対ベアーズの試合のチケットがあるんだけど、一緒に行かない？」

「いいわよ！　何時から？」

アランとシンディは知り合ってからまだ1カ月だが、すでに2回デートをしている。

〝スポーツデート〟をするのはこれが初めてだが、彼女が喜んで応じてくれたことがアランは嬉しかった。

ふたりは試合観戦をおおいに楽しみ、試合後にはカフェで試合について語り合ったりもした。

その秋は何本も一緒に映画を観に行ったし、試合観戦にも何度も出かけた。シンディとアランの映画の好みはよく合い、ふたりの仲はうまく進展していた。

寒さが厳しくなるころ、アランはついに理想の女性が見つかったと確信した。その確信がさらに深まったのは、車が故障してしまったある週末のことだ。

彼はシンディに電話をした。

「ごめん、車が故障してしまってね。月曜日の仕事で必要だから、今日の午後は修理しないといけなくなったんだ」

「そう、わかったわ。ルームメイトに頼んで、あなたのところまで送ってもらうわ。そうすればお手伝いできるでしょ。コーヒーとサンドイッチを持っていくわね」

車の修理はこれまでで最高のデートになった。最新のモデルの車について話をしながら、シンディはアランに工具を渡したりして、さまざまな場面で一生懸命手伝ってくれた。

「彼女のような女性はほかにはいない」

そうアランは確信した。

男が〝不審〟に思いはじめる女のふるまい

5月の第1週に、ふたりは結婚式を挙げた。ハネムーンは山のあるところに行き、ちょっとしたハイキングを楽しんだ。夏にはビーチに行ったりして幸せな時間を過ごし、すべてがうまくいっていた。

ところが、サッカーのシーズンが開幕すると、試合を一緒に観に行こうというアランの誘いを、シンディは断るようになった。

結局、そのシーズンで一緒に観に行った試合は一戦だけだ。

12月のある夕食のとき、アランは彼女の変化について切り出した。

「きみはサッカーが好きだと思っていたんだけどな」

「ええ、好きよ。でも、あなたほど熱心でないだけ。ワンシーズンに数回行けば十分よ」

「そうなのか」

アランは思いも寄らなかったことを聞いて、どう考えればいいかわからなかった。

「あなたに聞きたかったことがあるのよ」

と、逆にシンディが言った。

「今月、美術館でスペインのルネッサンス絵画展があるんだけど、一緒に行かない？」

「ああ、いいよ。たぶん」

アランは答えた。

その翌年になると、アランは自分の好きなものと、シンディが本当に好きなものが、まったく違うということに気づいた。彼女の車への興味はあっという間にどこかへ消えてしまったし、一度でもサッカーの試合に連れ出すことができればラッキーだと思うくらいになった。

一方、シンディはアランと一緒にもっと美術館に行きたがり、ときにはオペラのコンサートにも行きたがった。けれども、アランはそういった文化的なものには乗り気ではなかったので、そのうち、ときどき食事に出かける以外は、ふたりで何かを一緒にすることはほとんどなくなっていった。

結婚してから2年がたつころには、ふたりはそれぞれ週に一度、午後や夜に友人と出かけてもいいことにしようと話し合って決めた。

アランは友人と過ごすよりも、シンディと〝楽しい〟時間を過ごしたいと思っていたが、彼女のほうはとても満足しているようだった。

傷つき混乱したアランは、「なぜ彼女は変わってしまったのだろう？」と何度も考えた。

一緒に楽しみたい趣味が男と女でここまで違う

カウンセリングをしていると、シンディとアランのような話をよく耳にする。もちろん、シンディは〝変わった〟わけではない。独身のころ、女性が男性の興味のあることに付き合うのはめずらしいことではない。サイクリングや魚釣りを一緒にしたり、サッカーの試合を観に行ったり、自分ではまず観ようとは思わない映画を観に行ったりするものだ。

それが結婚すると、今度は妻のほうが自分の好みに夫を引き入れようとする。それがうまくいかないと、夫は夫で好きなことをすればいいとなる。

でも、これは危険な選択である。男性にとって余暇をどう過ごすかは、思っている以上にずっと大切な問題だからだ。

恋人のとき、一緒にどんなことをして楽しめるかは、男性が妻となる女性を選ぶときの大切な基準だし、一生その人と一緒に趣味を楽しめるだろうと考える。男性の好きな活動に女性が興味を示せば、愛情銀行の貯金も増え、結婚にいたる。だから、結婚後に妻が自分の好きな活動に興味を示さなくなり、「友達と一緒にやればいいじゃない」と言われると、ショックを受けることになる。

男性は一緒に何かを楽しむ時間を、ことのほか大切にする。計画を立て、その日をとびきり楽しい一日にするために、かなりの投資をすることもある。

テレビではよく、息子と魚釣りに出かけた父親が「最高の一日だ」などと言うシーンが出てきたりするが、それも同じことだ。

けれども、カウンセリングの記録を見ると、一緒に趣味を楽しむ相手が妻であるほうが、夫ははるかに楽しいということがわかる。

実際、**妻と趣味を楽しむことは、男性の5つの基本的な欲求のなかで、セックスの次に大切なものとして挙げられる**。それほど大切なことなので、妻に対して愛情を持ち続けるためには、この欲求が満たされなければならない。

「興味の方向がまったく違っても、幸せな結婚生活を続けている夫婦はたくさんいるじゃないか」と異を唱える人もいるだろうが、その人が、その夫婦の本当の姿を知っているとはかぎらない。

離婚するときまで、お互いに素晴らしいイメージを持っていた夫婦のカウンセリングをしたこともある。彼らはお互いに自分の心の奥底にある欲求を隠していたばかりに、手遅れになってしまったのだ。趣味が違うせいで、本当に望む欲求が満たされないこともある。

男性と女性が楽しいと感じるものはもともと違う。男性は女性よりも危険で冒険的なことが好きだ。たとえば、サッカー、ボクシング、魚釣り、ハンググライダー、スキューバダイビング、スノーモービル、スカイダイビングなどである。セックスやバイオレンスが盛り込まれている映画も好きだし、体を動かすときには汗、汚れ、体臭などは気にしない。

ところが、ほとんどの女性はこれをひどく不愉快に感じたり、悪趣味だと思ったりする。

女性はもっと静かで品のいいことが好きだ。たとえば、恋愛映画、美術鑑賞、文化的なイベント、ランチやディナーに出かけること、それになんといってもショッピング。女性が大切にするのは、活動そのものよりも人との交流であることが多い。何をするかより、誰とするかが大切なのである。

女性が夫を洗練された男性にしようと、ひげを剃らせたり、服装を整えさせたり、口調を注意したりするとケンカになりやすいのは、昔もいまも同じだ。**男性は自分の趣味に女性が口をはさむようになると、自分の楽しみを台なしにされてしまうのではないかと考え、**

自分の趣味の世界に土足で入り込まれるのを嫌がる。そして、男友達だけで楽しむ時間を増やそうとする。そうすれば、好きなことを何の気兼ねもなくできるからだ。でもそれは、いちばん楽しい時間に彼女がいないということでもある。すると、彼女の愛情銀行の口座にたくさんの愛情が振り込まれる機会が失われてしまう。

問題はふたりの気持ちが離れていくこと

この章の冒頭で紹介した例では、なぜシンディが変わってしまったのかとアランが嘆いている。アランのような立場の男性は、ひとりでサッカーの試合を観て楽しむしかないだろう。

だが、その後のアランの行動はよくあるものだ。彼は友人らとソフトボールのチームに入り、そこでヒラリーという女性と出会う。彼女はスポーツなら何でも好きだ。ふたりはコーヒーを飲みながら野球について話をするようになり、そのうちいい友達になった（結局、ソフトボールは数カ月しか続かなかった）。

アランが気をつけていなければ、ヒラリーと浮気をすることになってしまうだろう。最悪の場合は離婚にいたることもある。なにしろ、シンディが満たしてくれると期待していた欲求を、ヒラリーが満たしてくれそうなのだから。でも、それも皮肉な結果に終わるかもしれない。

もしアランがシンディと離婚してヒラリーと再婚したとしても、そのあとはご想像のとおり。ヒラリーもソフトボールや野球よりも、コンサートや美術館に行くほうがいいと、突然言い出すかもしれない。

浮気や不倫、離婚、再婚をすれば問題が解決すると考えているような男性には、こんな皮肉な結果が待っている。

アランのような男性が、怒りや腹いせから浮気に走ると言っているわけではない。たしかにアランは、シンディが態度を変えたことに傷つきはしたけれど、彼女が本当に興味のあることに目を向けるのを認めなかったわけではない。

こういう状態のときに問題なのは、ふたりの心が次第に離れていくことだ。しかし賢い夫婦なら、そうならないようにしたり、すぐに直すべきところを直したりするだろう。

私たち夫婦の場合

以前は一緒に楽しんでいた趣味を妻が渋りはじめると、世の夫たちがアランのように混乱してしまうのはよくわかる。私もそうだったからだ。

たとえば私は若いころ、チェスをするのが好きだった。でも、妻のジョイスはチェスをしなかったし、やってみたいとも思わなかったようなので、結婚後はチェスのトーナメントに出るのはあきらめていた。チェスはとても時間がかかるゲームで、もっともそこが気に入っているのだが、妻と一緒に楽しめるものに時間を使いたいと思ったからだ。

恋人時代にはよくテニスをしたので、テニスならふたりで楽しめるだろうと思っていた。けれども結婚して1年目のこと、ジョイスがこう言った。

「最近、テニスはあまり楽しくないの。一緒にほかのことをしましょうよ」

テニスをやめようと言いだすなんて、心底驚いた。結婚するまでの6年間、彼女も私と同じようにテニスを楽しんでいると思っていたから、私といるためにテニスをしていたのだとは思いも寄らなかった。しかし、結婚してすぐにそう言ってくれてよかったと思っている。

私たちの結婚生活において、これは重要な分かれ道だった。多くの夫婦のように、私は誰かほかの人とテニスを続けるという選択肢もあった。仮にそうしていたとしても、ジョイスはそれで納得してくれただろう。

だが、私はそうしなかった。テニスのことは忘れ、ジョイスとふたりで楽しめることを探した。テニスの代わりにバレーボールをすることにして、ふたりで同じチームに入った。そのほかにも映画、演劇、コンサート、外食、観光、自然探索などに興味を広げていった。

ふたりで楽しめる趣味を探したので、いまでも私たちは一緒に余暇を楽しむことがほとんどだ。もし私がチェスとテニスに固執して、ジョイスはジョイスで別のものを楽しんでいたら、いまごろまったく違う状況になっていただろう。ふたりの心は次第に離れていき、いちばん楽しいはずの時間を、誰かほかの人と過ごしていたに違いない。

カウンセリングでは、夫婦が別々に趣味を楽しむのはよくないといつも話しているが、これはいくら強調してもしすぎることはない。

別々に余暇を楽しんでいると、お互いの愛情銀行の貯金は増えないし、その絶好の機会を逃してしまうことにもなる。いちばん楽しい時間を一緒に過ごすのがほかの人になってしまえば、愛情銀行にあるその人の口座に愛情が貯まっていくばかりだ。

一緒に余暇を楽しみたいと思う相手がパートナーでなければ、お互いの愛情が冷めてしまうばかりか、その人が異性の場合は、その人と恋に落ちてしまう危険もある。

満足のいく結婚生活を望むなら、一緒に趣味を楽しむ相手は、あなたのパートナーでなくてはならない。

〝ふたりの世界〟を上手に広げるために

共通の趣味を見つけられるカップルもいるが、まったく見つけられないカップルもいるだろう。私も、ふたりの趣味が完全に一致するカップルはわずかだと思っている。けれども、彼が喜ぶならと、自分の楽しみを犠牲にして彼の趣味を続ける女性もいる。このとき、女性の愛情銀行にある相手への愛情は引き出されていくことだろう。

逆の場合もよくある。いずれにしても、お互いの愛情銀行に愛情を貯める絶好の機会を逃してしまうことになる。

私は、夫婦で余暇を過ごすのがいちばん楽しいと思えない人には、ちょっと難しい宿題を出すことにしている。

〝夫婦が一緒に楽しめるような趣味以外はやらないこと〟

それぞれが自分の趣味を楽しんでも問題ないときも、やがてくるだろう。だが、夫婦がお互いに相手と過ごすのがいちばん楽しいと思えるようになるまでは、夫婦で余暇を過ごすべきだ。

この宿題はなかなか難しいはずだ。いま夫婦が一緒にやっていることのいくつかは手放さなくてはならなくなるだろうし、別々に楽しんでいることはすべて手放さなくてはならない。だが、夫婦で余暇を過ごすことを楽しめていない人には、ぜひともこのルールを試してみてもらいたい。

さて、いまあなたはいくつかの趣味を思い浮かべているに違いない。それがもし妻が楽しくないものなら、あきらめなければいけないということだ。つまり、自分の好きなことをあきらめなければいけない。こう言うと、やりすぎだと感じる人も大勢いるだろう。

しかしよく考えれば、私の意見に同意せざるをえなくなるはずだ。**もしふたりで一緒に楽しめる趣味を見つけて、それが自分ひとりでやっている趣味と同じように楽しいものになれば、夫婦はお互いにもっといい感情を抱けるようになる。**それこそが私が目指すところだ。

要は、豊かな結婚生活とサッカーの試合中継のどちらがより大切かという話だ。それは、あなたの選択次第である。

〝ふたりで楽しめるもの以外はやらない〟という宿題は、あなたに苦痛を与えようとか、あなたから何かを奪おうとするものではない。

たとえば私の場合なら、余暇に何をしようかと考えるときは、自分の趣味のなかからジョイスの気持ちを考えて、何をするか決めるというだけのこと。彼女を犠牲にして、私ひとりが楽しむことに何の意味があるだろうか。

〝共通の趣味〟が必要な理由

夫婦がふたりで楽しめる趣味を見つけなければならない理由は、大きく３つある。

ひとつ目は、**それこそがお互いを思いやるという行為**だからだ。どちらか一方が自分の楽しみを犠牲にしているとすれば、それはもう一方が相手を犠牲にして自分の楽しみを得ているということになる。結婚生活で相手を喜ばせるために、どちらかが犠牲になっているとき、もう一方は犠牲になっているほうの気持ちを考えてはいない。

ふたつ目は、**ふたりで楽しめる趣味があるほうが長続きする**からだ。ふたりとも楽しいと思えるものなら、またやろうと思える。

もっと愛情がほしい？　それならお互いに楽しいと思える方法で愛情を示しあおう。もっと頻繁にセックスがしたい？　それならふたりが楽しいと思える方法でしよう。親密な会話がしたい？　それならふたりが楽しめるような方法で話をしよう。

趣味の場合はどうか。もっと一緒にレジャーを楽しみたければ、ふたりが楽しめるものを、ふたりが楽しくなるような方法でやろう。

３つ目は、**ふたりで趣味を楽しむのがいちばん楽しいと思えれば、お互いの愛情銀行の貯金が増える**からだ――とくに夫の愛情銀行にある妻の貯金が増える。

私は趣味を楽しんでいるときがいちばん楽しい。そして、その時間をジョイスと分かち合えば、ジョイスへの気持ちも深まり、彼女への愛情を持ち続けることもできる。しかし、その時間をほかの女性と分かち合えば、ジョイスへの愛情を持ち続けることはできなくなり、その女性に愛情を抱く危険も出てきてしまうだろう。

カウンセリングに来た多くの夫婦、とくに男性たちは、私の宿題を実行するのが難しいと思うようだ。たとえばサッカーや魚釣りといった、自分の好きな活動をあきらめなければいけないと考えただけで、憂うつになってしまうという。その気持ちは十分わかる。

それでも、とにかく数カ月間、私の宿題をやってみてほしい。決して趣味の楽しみをあきらめろと言っているわけではない。ただ、ふたりが一緒に楽しめるものを選ぼうと言っているのだ。

人生の楽しみをすべてあきらめろということではなく、昔からの趣味を彼女と一緒に楽しめるものに変えたり、いまの趣味に彼女を引き入れたりする必要があるということを伝えたい。

だが、変化の過程において、場合によっては男性が引きこもり状態になってしまうことがあるので、女性は気をつけていなければならない。それによってはじめは、「自分は間違っているのかしら」と思うかもしれない。

彼と一緒に楽しめることをしたいのは山々だけれども、無理に引きとめるのは本意ではないだろう。一緒に何かをはじめて少したつと、本当に好きで楽しめることから彼を引き離してしまったという罪悪感から、彼に「以前と同じように活動してもいいわよ」と言いたくなってしまうかもしれない。

しかし、そこは踏ん張りどころである。最終的にはパートナーと楽しみを分かち合えない活動よりも、ともに楽しめる活動のほうが楽しく感じられるようになる。なぜなら、**一緒に趣味を楽しむようになれば、男性の基本的な欲求がひとつ満たされる**からだ。

一度や二度、ふたりで活動してみて、どちらか、あるいはふたりとも楽しめなかったとしても、あきらめてはいけない。

新しいものにチャレンジするときは、時間がかかるものと心得て、じっくりと取り組も

う。慣れるのは大変かもしれないが、そのぶん結婚生活に大きな恩恵があるだろう。

事実、これまでに私がカウンセリングをしたなかでも、ふたりでできる趣味だけをやることにした夫婦の仲は、ぐっと深まった。

ふたりでいるときは、相手だけに〝心のベクトル〟を向ける

前章で、週に15時間はお互いに意識を向ける時間をつくろうという話をした。その時間の多くを親密な会話をすることに費やそうと書いたので、毎週15時間、夫婦でじっくりと話をしなければいけないのかと思っているかもしれない。

けれども、会話をすることだけが相手に意識を向ける方法ではない。ほかの欲求を満たそうと、相手に意識を向けることでも親密さが増す。つまり、女性の大切なふたつの欲求である愛情表現と会話、そして男性の大切なふたつの欲求である性的な満足感と趣味を楽しみながら、それを実行すればいいのだ。

女性と男性が違うものに愛情を感じるということは、もう驚くまでもないだろう。ディナーに出かけ、お互いへの愛を語り合い、楽しい会話をしながら月明かりのなかを散歩する、というロマンチックな夜を過ごすことは、愛情表現をしてほしい、親密な会話をしてほしいという女性の欲求を満たすものだ。

一方、男性は性的に満足することと一緒に趣味を楽しむことで愛情を感じる――サッカーの試合中継を観て、その夜にセックスができれば最高だ。

どちらも異性にとってはそこまで重要なことではないだろう。だから結婚するまでは、女性も男性もこの４つを盛り込みながらデートをする。そうすれば、どちらの欲求も満たされるからだ。

けれども結婚して夫婦になったとたん、それが面倒くさくなって省略してしまう。女性は愛情を注いだり親密な会話をしたりする時間はとるけれども、忙しかったり疲れていたりすると、セックスや趣味を一緒に楽しむ時間をとらなくなる。

一方、男性は性的な満足感を得るためや、趣味を一緒に楽しむためなら何でもするが、パートナーに愛情を注いだり親密な会話をしたりする時間をとろうとしない。

どうか、このような失敗をしないでほしい。あなたたち夫婦には、お互いにかけがえのない存在でいたいという欲求がある。でも、その中身は夫婦で違うし、それぞれ相手の欲求は見逃してしまいがちだ。

一日のなかでこの4つの欲求を満たすように心がければ、お互いへの愛情を感じ、愛情の貯金もたくさん増えるだろう。

相手に意識を向けることが大切なので、その時間には、お互いから意識が離れてしまうことはしないようにしよう。

たとえば**ふたりでいても、映画やテレビにほとんどの意識を向けていたら、それは相手に意識を向けている時間とはいえない**。しかし、番組を観ている間にも愛情を伝え合ったりしてお互いに意識を向けていれば、それは15時間のなかに入れることができる。

余暇に何かをするときにも、その活動をしながら愛情を伝えたり、親密な会話をしたり、性的な満足感を得られたりするなら、それも15時間のなかに入れられるだろう。

お互いがいちばんの遊び相手だという夫婦は、ふたりで楽しめる活動がたくさんあることだろう。でも、なかには相手にあまり意識を向けないでする活動もあるかもしれない。繰り返しになるが、そういう活動をしてもいいけれども、そのせいで相手に意識を向ける15時間がとれないようになってはいけない。

実際、あなたたち夫婦が最初に恋に落ちたときは、それができていたことだろう。ふたりとも楽しめる活動をしていれば、夫婦の親密度や楽しみも一段上のレベルに上がる。

幸せな結婚の法則 #4

ふたりで一緒に楽しめるものがあると、カップルはいつまでもうまくいく。

She Needs to Trust Him Totally
—Honesty and Openness

女が求めているのは
“誠実な男”

テッドは不思議な魅力をもった男性で、ニコルはそんな彼に戸惑いながらも、すっかり惹かれていた。彼は秘密主義者で、何か質問をしても、いつもうまくはぐらかされてしまう。デートの別れ際、「これからどこに行くの？」「何をするの？」と聞いても、彼はただウィンクをして、こう答えるのだった。

「明日、電話するよ」

ニコルはテッドのふるまいを少しいぶかしく思ったものの、誰にでもプライバシーがあるのだから、と自分に言い聞かせた。

実は、テッドにはいくつかの秘密があった。それは、ほかのガールフレンドのことだった。ニコルの質問をうまくはぐらかすことができないときは、「仕事をしなければいけないから」などと嘘までついていた。その仕事とは、ほかの女性とのデートだった。ニコルもそれにうすうす気づいていたが、彼の誠実さを疑うたびに、自分に対して罪悪感を抱いた。それに、ニコルがパートナーに求めるものを、テッドはたくさん持っている。とても愛情深いうえに、高収入で背も高くてハンサムなのだ。彼とパーティ会場に入っていくと、ほかの女性がうらやましげな視線を送ってくるほどだ。

テッドからプロポーズされたとき、こうしたプラス面が、プライバシーを頑なに守る人だというマイナス面をはるかにしのいでいた。

結婚したらきっと、すべて私に話してくれるようになるわ、とニコルは思った。けれども、結婚後もテッドの態度は変わらなかった。それどころか、さらに問題が大きくなったように感じられた。一緒に住んでいるというのに、いままでよりさらに秘密主義になったのだ。

実は、テッドがプライバシーを必要としているのは、ほかの女性と会っているからではない。結婚の誓いをしたとき、ほかのガールフレンドとの関係は〝清算〟した。それでも相変わらず、彼は気が向いたときに仕事から帰ってくるという生活を続けていた。

彼の仕事は不規則なことが多く、ニコルにとってはいろいろなことを計画しづらい。テッドから電話はあるものの、こう言うだけ。

「遅くなるよ。たぶん9時くらいかな」

これは「いつ帰ってもいいように用意をしておけよ」ということなのだな、とすぐにニコルは理解した。家に帰ってきたテッドには、恋人時代のような魅力は何も感じられない。

ニコルが自分の計画を話しても、彼はほとんど何も言わない。

「土曜の夜、モーガン夫妻を夕食に招きたいんだけど、いいかしら?」

「どうかな。その日はたしか……ああ、今週は忙しいんだった」

万事その調子だった。ニコルはイライラしたり落胆したりすることばかりで、憂うつになっていった。テッドは相変わらず誠実だし、隠さなければならないようなことは何もないはず。なのに、なぜか自分がやっていることや考えていることを話したがらないのである。

結婚生活にプライバシーは必要か

安心感は、女性の5つの基本的な欲求に共通する大切なものだ。パートナーが正直に心を開いてコミュニケーションをとってくれないと、女性は相手を信頼できなくなり、安心感を抱けなくなる。

そうならないためには、過去も現在も未来のことも含めて、本当のことを話してくれている、と信じられるようでなくてはならない。これまでどんなことをしてきたのか、いま何を考えているのか、どんなことをしているのか、これからどんなことをしようと思っているのか。

女性は男性が送るシグナルを信じられなければ（テッドの場合はシグナルを出すことも拒否していたわけだが）、深い関係を結ぶための土台を築くことができない。すると、パートナーに不信感を抱くようになり、ともに成長しようとは思わずに、相手から気持ちが離れていく。

幸せな結婚生活をおくるためには夫婦の話し合いが欠かせないが、正直で隠し事のない状態でなければ、ふたりは何も決められないし、何も解決できない。

結婚生活において隠し事をすることは、それだけでも十分ゆゆしきことだ。まして、嘘や間違ったことを話すのは致命的である。それは最も破滅的な習慣だ。

幸せな結婚生活のためには、透明性が最も大切な要素のひとつである。あなたのことを誰よりも知っているのは、あなたのパートナーでなくてはならない。

けれども悲しいことに、短時間のカウンセリングを何回かしただけで、パートナーよりも私のほうがその人のことをよく知っていたりするようになる。私がとくに洞察力が鋭いわけでも、人のことをよく理解できる感性を持っているわけでもない。

しかし、私が質問をすると、彼らは正直に答えてくれる。助けを求めてカウンセリングに来ているので、できるだけ多くの情報を私に伝えたほうがいいと思うのだろう。

カウンセリングに来た夫婦がそれぞれ〝正直に話してくれる〟と、私にはふたりには見えていないものが見えてくる。彼らは何年も、相手とのあいだに立てた曇りガラス越しにお互いを見て、わけがわからずオロオロしている。私と話すときは曇りガラスなど必要ないので、本当の問題や論点が見えてくるのだ。

そして、自分を隠しているのは、妻よりも夫の場合が多い。

「何を考えているの？」「気分はどう？」「何をするつもり？」

そう聞くのは、たいてい妻のほうだ。

「パートナーに対してオープンな状態でなくてはいけないということは、私にはプライバシーがないということですか？」

こんな質問をよく受ける。もし〝プライバシー〟という言葉が自分のある部分を隠すという意味なら、私は**夫婦のあいだにプライバシーはない**という考えを曲げるつもりはない。この意見に反対する人もいるだろうが、実に多くの夫婦がこの原則をうやむやにしたために、危機に陥るのを目にしてきた。

パートナーにはあなたの携帯電話を見たり、財布のなかをのぞいたりする権利があると考えると、ゾッとするかもしれない。しかし、健全な結婚生活には、それくらいの透明性が欠かせない。

もし私が自分の〝プライバシーを守ろう〟とすれば、妻に対する透明性が低くなってしまう。ジョイスは私のことをいちばんよく知っているべき人なので、私は欠点も含めてすべての情報を妻に知らせなければいけない。妻からの質問には真実を答えなければいけないし、〝黙ってやり過ごす〟こともしてはいけないし、進んで自分のことを知らせなければいけない。

つまり、**できるかぎり、私という人間を妻と共有する**ということだ。

誠実でいることが結婚生活において大切なのには、３つの大きな理由がある。

ひとつ目は、**結婚生活をうまく続けていくために、何をどう変えればいいかわかるようになる**からだ。夫婦のあいだに隠し事がなく、お互いに正直であれば、問題を早く見つけることもできるし、話し合いによって早くその問題を解決することもできる。ふたりのあいだに透明性がなければ、問題そのものを見つけることもできないし、その解決法を見つけることもできない。

ふたつ目は、**嘘をついたり真実を何らかの方法で隠したりすると、相手がひどく反感を覚えるようになる**からだ。すると、相手の愛情銀行の貯金は減っていく。

３つ目は、まさしくこの章のテーマである。つまり、**正直であることがパートナーの大切な欲求を満たす**からだ。女性の場合はとくにそうだが、人は相手が正直で隠し事をしないでいてくれると安心し、信頼関係が生まれ、その人と恋に落ちる。愛する人の心をはっきりと、くまなく知りたいと思うのは人の常だ。

円満な結婚生活をおくるために大切な４つのルール

女性にとって正直で隠し事のない結婚生活はとても大切なので、私はあるルールを伝えて、男性がどこまで自分をさらけ出すべきなのかをアドバイスしている。ポイントは次の４つである。

①自分の気持ちを正直に話す
②過去のことを正直に話す
③いまのことを正直に話す
④今後のことを正直に話す

この４つについて、さらに詳しく見ていこう。

①自分の気持ちを正直に話す

たいていの夫婦は、パートナーを幸せにしようと精一杯の努力をしている。でも、いくら努力をしても、その方向性が間違っていることがある。

毎日仕事帰りに、妻に花を買っていく男性のことを想像してみてほしい。とても素敵なことではないか。でも、実はその妻には花粉アレルギーがある。夫の気持ちは嬉しいので、妻は花粉アレルギーのことは言わずに、そっと鼻をすする。けれども、そのうち夫があの忌まわしい花束を抱えて帰ってくることを考えるだけで、ゾッとするようになる。

一方、夫のほうは結婚生活が退屈になってきている。妻はいつもボーッとしていて何を考えているかもわからないのだが、彼もそのことを妻には言わない。

この夫婦の結婚生活は倦怠気味だが、それは努力が不足しているからではない。正直に自分のことを話さないがために、お互いに相手のことをわかっていないからだ。夫は毎日花を買って帰ると妻は喜ぶと思っていて、その花が妻の不調の原因だとは気づきもしない。さらにたくさんの花を買って帰るようになったらどうなるだろう。花に囲まれた妻は苦しげに息をして倒れ込み、夫はわけがわからないままだろう。

もちろんこれは大げさな話だけれども、夫婦がお互いに相手を喜ばせようと間違ったことをしている様子をよく表している。お互いに正直で隠し事のない状態でないために、この夫婦は本当の問題を解決することができないでいるのだ。

この章の冒頭に登場したテッドのような人は、自分の感情を表すことが苦手だ。とくにネガティブな感情を表すことができない。しかし、ネガティブな感情を表すことこそ、結婚生活においては意味がある。それは何かがうまくいっていないサインだからだ。

ポイント①

「日々の出来事や相手の言動について、良いことも悪いことも含め、あなたの気持ちを正

直に伝えよう」

正直で隠し事のない状態でいれば、状況に応じて夫婦はお互いにうまく調節をしていくことができる。それを繰り返していくことこそ、幸せな結婚生活を続ける極意だ。

これまで幸せな関係を築けてきたとしても、状況は必ず変わっていく。そのなかでうまく調節をしていかなければならない。あなたも、あなたのパートナーも日々成長し変わっているのだから、つねにお互いの変化に合わせていくことが必要だ。

けれども、相手がどう変わったのかわからなければ、調節のしようもない。それでは先の見えないまま旅を続けるようなものだ。

夫婦が自分のことを正確に伝え合わなければ、不幸な状況がいつまでも続くことになる。あなたが心のなかでどんなことを考えているのかを伝えれば、お互いにうまく調節していけるはずだ。そうすれば、ふたりは真の意味でひとつになれる。

②過去のことを正直に話す

秘密は守りとおすべきか。もちろん事柄によってはそうだろう。秘密が入った箱には鍵をかけ、その鍵を隠し、そのままそっとしておこう。過去の悪行については、伝えたほうがいいものだけ伝えるといい。

しかし、あなたのパートナーはあなたの過去について知る権利があるし、また知らなくてはならない。過去にした恥ずかしい経験や大きな失敗が何であれ、いまのパートナーには真実を話すべきだ。

ポイント②

「あなたの過去についてパートナーに正直に話そう。とくにあなたの弱みを象徴するような出来事や、失敗した出来事などを伝えよう」

過去の出来事を聞けば、強みや弱みなど、その人のことがよくわかる。あなたのパートナーがあなたとの関係をうまく調節していくためには、これまでにあなたが経験した良いことも悪いことも知る必要がある。そうすれば、頼っていいのはどんなときか、逆に助けてあげたほうがいいのはどんなときかがわかるようになる。

たとえば、過去に浮気をしたことのある男性は、また浮気をする可能性が高い。過去に薬物に依存したことのある女性は、この先も薬物やアルコールなどに依存する可能性が高い。過去の過ちを話せば、パートナーはあなたの弱みを理解することができるし、問題が起こりそうな状況を一緒に避けることもできる。

あなたのこれまでの人生のどの部分も秘密にしておくべきではない。パートナーからの質問には、隠すことなくすべて答えなくてはいけない。とくに、うまくいかなかった時期のことについてはしっかり話しておこう。過去に起こった問題は、これからも起こる可能性があるのだから。

嫌な人もいるだろうが、過去の恋人についてもお互いに話すといい。どんな人で、その人との関係がどうなったのか。

「ぼくがしたことを話したら、きっと妻はぼくを二度と信用してくれなくなる」

「夫が私の過去を知ったら、きっと傷ついてしまうわ。私のイメージを覆してしまう」

自分の過去を隠している人たちは、こう異議を唱える。しかし、それは単なる昔話ではなく、あなたの気質や人柄を表す重要なエピソードだ。

正直で隠し事をしないでいることは、パートナーを遠ざけるものではない。あなたが何かを隠していれば、相手はあなたが何を隠しているのか推測しようとするだろう。相手が考えたことが図星であれば、あなたはそれを隠すために嘘をつき続けなければならなくなる。もし当たっていなかったなら、相手はあなたという人間を間違って理解してしまう。

自分がどんな人間であるのか、本当に知られたくない人もいるかもしれない。だが、弱みを知られてもなお、愛され、受け入れられるという人生最大の喜びを知るよりも、秘密を隠しとおしたほうがいいというのは、あまりにも悲しいではないか。

過去のことを話すことで、夫婦の絆が強くなるのは確かだが、まったく痛みをともなわないわけではない。何年も秘密にされてきたことほど、それを知ると受け入れるのが難しい人もいるだろう。

私がカウンセリングをした夫婦のなかには、隠されていた事柄そのものよりも、長いあいだ欺かれていたことに対して、ネガティブな反応をする夫婦が多い。軽率な行いをしてしまったことは受け入れたり許したりすることができるが、それを隠していることが理解できないという。しかし、パートナーがそのことを知る前に、あなたの口から正直に伝えれば、それは結婚生活において正直であることが大切だと思っている証になる。

自分の過去のことを話すのは怖いと思うだろう。その気持ちは十分理解できる。けれども、真実を知ったことによって破滅した夫婦を私は見たことがない。真実を告げたときは、ネガティブな反応があったり動揺したりすることもあるだろうが、最終的には真実が夫婦の絆をより強く結びつける。反対に、真実を隠すと信頼が失われ、結婚生活は破綻することになる。

③いまのことを正直に話す

いい結婚生活をおくっている夫婦は、互いに寄り添って生きているので、お互いのスケジュールを共有しながら、ふたりの活動予定を立てていく。一方、夫婦の結びつきが弱い場合は、それぞれ独自の活動をすることが多く、自分のスケジュールを相手に知らせたがらないし、その日の出来事を相手に話すこともない。

「知らなければ彼が傷つくこともないはず」とか、「知らないほうが彼女のためだ」などと考える。

でも、ちょっと考えてみてほしい。日々の予定をただ彼女に伝えるだけで、彼女は安心し、愛情銀行の貯金を増やすことができる。こんなにシンプルな愛情表現はほかにはないだろう。

ポイント③
「今日の出来事について話そう。その日の予定をパートナーに知らせておこう。とくに、相手に影響がありそうなものについては、よく知らせておくこと」

いまの自分のことを正直に話すようにしていれば、パートナーを傷つけたり、不適切な行いをしたりすることもなくなる。トラブルを避ける最も簡単な方法は、自分のやることすべてを包み隠さずにいることだ。

④今後のことを正直に話す

過去のことについても正直に話そうとアドバイスしたので、今後のことについて私がどんなことを言うのか、もう想像がついていることだろう。これからのことのほうがパートナーに話しやすいはずなのに、なぜか、それぞれ別々に計画を立てている夫婦がいる。

自分の今後の計画について話せば、相手にその計画をつぶされてしまうと考えている人がいる。そういう人は、ある決まったゴール地点を目指していて、そこに到達するまでは誰にも邪魔されたくないと思う。だがそれは、ミクロ的な発想だ。

計画を誰にも言わずにいれば、当面はさまざまな問題を回避できるかもしれないが、ゆくゆくはその計画をパートナーも知ることになる。

そのときパートナーはふたつのことに傷つく。ひとつは、あなたが計画を立てたときにパートナーの気持ちを考えなかったこと。もうひとつは、その計画をパートナーに知らせなかったことだ。これは、愛情銀行にある愛情の貯金が確実に減る行為だ。

ポイント④
「これからやりたいことや目標について、自分の考えや計画をパートナーに伝えよう」

私は毎週日曜日の午後3時半に、ふたりでデートをすることをすすめている。このデートのいちばんの目的は、相手のことだけに意識を向ける週15時間を、来週はどうやって確保しようかと話し合うことだ。計画しておかなければ、そういう時間はまずとれないし、お互いの基本的な欲求を満たし合うこともできなくなってしまう。

しかし、このデートのもうひとつの目的は、来週のスケジュールを確認し合うことにある。③で述べたとおり、自分の行動は必ず相手にも影響があるので、予定をお互いに知らせるほうがいい。

パートナーに誠実でいてもらうために

ここまで秘密主義者になりがちな男性に、主に焦点を当ててきた。今度は女性について述べようと思う。

あなたは、パートナーが自分のことを正直に話すのをためらってしまうようなことをしていないだろうか。もっと言えば、パートナーが隠し事をせずに正直でいてくれることを望んでいるだろうか。たとえ不愉快な話だったとしても、真実を話せるような態度をとっているだろうか。

次の項目に当てはまるかどうかチェックしてみよう。

①□もし真実が不愉快なものだとしたら、打ち明けるのは自分の気持ちの準備ができてい

るときだけにしてほしい。

②□あなた自身も、パートナーに対して秘密にしていることがある。その件については自分のプライバシーを尊重してほしいと思っている。

③□自分とパートナーとのあいだには、知らないことがあってもいいと思っている。

④□パートナーに正直に話したくないような事柄や状況がある。

⑤□パートナーが正直に打ち明けてくれたときに、身勝手な要求をしたことがある。

⑥□パートナーが正直に打ち明けてくれたときに、敬意を欠くような批判をしたことがある。

⑦□パートナーが正直に打ち明けてくれたときに、怒りが抑えられなかったことがある。

⑧□パートナーが正直に打ち明けてくれたことに、いつまでもこだわる。

①から④の項目のうち、ひとつでも当てはまった人は、正直で隠し事をしないことをそれほど大切だとは思っていない傾向がある。状況によっては、余計なことを聞かないほうが結婚生活はうまくいくと思っているかもしれない。

あなたがそう思っていると、パートナーは精神的な距離を置くことがある。正直でいないための〝言い訳〟はいくらでもあるので、ひとつでもそれを認めてしまうと、次々と言い訳がでてくるのだ。すると気づかないうちに、あなたたち夫婦もニコルとテッドのようになってしまうかもしれない。

⑤から⑧の項目のいずれかが当てはまれば、あなたは正直に話してくれたパートナーを罰していることになる。パートナーが何でも話そうという気持ちになってくれるようにするには、真実を話してくれたときに、できるだけネガティブな反応をしないことだ。そのたびに口論になるようでは、そのうち自分が思っていることを話してくれなくなるだろう。

反対に、何の要求もされず、批判もされず、怒られもせず、失敗にいつまでもこだわらないとしたらどうだろう。親密な会話を阻むこうした態度を慎めば、パートナーに正直で隠し事をしないでいてもらえるはずだ。

お互いに誠実でいれば結婚生活はうまくいく

カップルがお互いに正直でなく、隠し事をしていて、それが不誠実の極みである浮気や不倫という事態に発展してしまったら、どうなるだろう。相手に正直にすべてを打ち明ければうまくおさまるだろうか。それとも関係は終わりを告げることになるだろうか。

カウンセリングをしていると、男性が開口一番、浮気をしてしまったと話してくれることがよくある。その件について、妻にはいっさい話していないけれども、自分のやったことすべてに「罪悪感を覚えている」と言う。

私はカウンセリングをしながら、奥さんにすべてを打ち明けたほうがいいと助言している。男性が不安と恐れを抱きながら打ち明けると、妻は予想どおりの反応をする。まず怒り、そして不安になり、最後には落胆する。でもそのうち、ショックと心の痛みから立ち直る。そして、おそらく結婚後はじめて、お互いに正直でいられる関係を築きはじめる。

浮気や不倫の問題を乗り越えるためには、何もかも包み隠さず率直に話をしなければならない。自分が何を考え、どう感じているのかを、すべてパートナーに伝えなくてはならない。**完全にオープンな状態でなければ、嘘のない関係は築けない**からだ。どこかで妥協してしまったら、関係を結び直すプロセスが断たれてしまう。

パートナーに自分の不貞について告白することが、つねに賢い選択とは言えないのではないかと思うかもしれない。でも、私の経験から言うと、告白することが離婚の主な原因にはならない。

たしかに、浮気や不倫のせいで離婚することになる夫婦もいるが、それはパートナーに正直に告白したことが原因ではない。

たいていは、裏切られたほうも浮気を知ったときのショックから立ち直って、夫婦の問題を見直し、それを解決する方法を考えはじめる。裏切られたほうが前向きな気持ちになれば、夫婦の関係ももとどおりになる可能性がある。裏切ったほうが正直で隠し事をしないことを学んだことで、最後にはふたりの信頼関係も回復する。

浮気をしたことがある男性のなかには、それを告白したこと自体、自分が更生したことの証ではないかと言う人もいる。しかし、それは違う。

電気のスイッチを入れるように、信頼をすぐに取り戻すことはできない。信頼できる相手だと妻が思えるようになるまでには膨大な時間がかかる。そのあいだ、夫はずっと正直でいなければならないし、隠し事をしてはいけない。

夫は日々のスケジュールを知らせておき、妻がいつでもチェックできるようにしておくことが必要だ。一日のなかでスケジュールが変わったときは、できるだけ早く妻に知らせるように心がけよう。

妻にこうした自分の情報を知らせたくない、あるいはこんなことは形式的なことにすぎないなどと、不平を言う男性がいる。「確かめずにいられないということは、そもそもぼくをまったく信じていないということだろう」と。そのとおり、まだ妻は信じていないのだ。たとえ信頼関係になんの問題のない夫婦であっても、妻が好きなときに夫に電話をかけても構わないではないか。いい結婚生活をおくっている人とは、そういうものだ。

次の章に進む前に、信頼に関してもうひとつ重要なことを伝えておきたい。信頼関係を築くうえで、正直で隠し事のない状態であることは欠かせないが、私たちの行いそのものも、信頼に足るものでなくてはいけないということだ。

パートナーから信頼されたければ、あなたのすべての行いは、パートナーの気持ちや利益を守るものでなくてはならない。毎日、自分のしたことをすべて話していたとしても、パートナーへの配慮のかけらもないようなことを好き勝手にやっていては、どうやって自分のことを信じろなどと言えるだろう。

信頼を築くためのしっかりとした土台ができるのは、正直でオープンでありながら、なおかつパートナーの利益を考えたことをしている場合にかぎる。

妻は夫に誠実でいてほしい。夫が自分に隠し事をせずに正直でいてくれればそれがかなう。秘密をもち、隠し事をし、不正直でいることで、夫がなにがしかの得を手にしたとしても、それは妻の安心感と結婚生活における充足感を犠牲にしたうえで得たものにすぎない。

逆に言えば、妻が夫のことを信用できるようにしないといけない。夫が考えそうなことを予測した妻が、「夫ならきっと大丈夫」と言えるようにならなければいけないのだ。そうなるまで夫が透明性を高めれば、妻も満たされるし、ふたりはひとつになれる。

幸せな結婚の法則 #5

ふたりのあいだに嘘や隠し事をなくせば、信頼関係は深まり、絆は強くなる。

He Needs a Good-Looking Wife
—Physical Attractiveness

男は結局、
目で恋をする

26歳、体重86キロのブリタニーは、彼氏いない歴イコール年齢。正確にはこの2年でデートをした相手は4人いたが、最初のデートのあとに相手から電話がくることはなかった。彼女が結婚できる可能性は、控えめに言っても低い。愛嬌があって多趣味なのだが、彼女をデートに誘ってくれる男性はほとんどいなかった。

ある日、ブリタニーは自分を変えようと思い立った。いまの仕事には疲れてうんざりしていたし、結婚もしたかった。

「誰か私を養ってくれる人がいれば、仕事をやめて自分が好きなことをしていられる」

そう考えた。

そこでまずは、ダイエットをするために運動をはじめ、27キロの減量に成功した。次に、ほっそりした体をきれいにみせてくれる新しい服を買った。ヘアスタイルもメイクも変え、彼女の印象はガラリと変わった。

ブリタニーはとても美しく、魅力的な女性に大変身した。いまではデートする相手も大勢いるが、彼女の目標はただひとつ、結婚することだ。

約8カ月後、ブリタニーはジョシュからのプロポーズを受け入れた。驚異的なスピードで目標を達成したのだった。

〝彼女にはいつまでも美しくいてほしい〟のが男の本音

それから5年後、私のもとをブリタニーとジョシュが訪れた。まずはひとりずつ話を聞くことにした。夫のジョシュはこう言った。

「結婚して彼女がまず最初にしたことは、仕事をやめることでした。それからは専業主婦になって、毎日夢中で何かを食べていたんです。そのうち彼女の体は風船のようにふくれていきました。結婚してから45キロも太ったんです」

私は尋ねた。

「体重のことについて、彼女に何か言いましたか？」

「ええ、何度も。実のところ、それがぼくたちの不和の原因なんです。彼女は『ありのままの私を愛してほしい。私のことを無条件で受け入れてくれたら、体重なんて簡単に落とせるわ』と言うんですが、そう思ってぼくが黙っていればいるほど、どんどん体重が増えていくんです」

ジョシュは続けてこう言った。

「自分の気持ちが次第にほかの女性に向くようになっていることに気づいています。でも、自分ではもうお手上げです。どうしたらいいのでしょう？」

彼は大きなジレンマに陥っていた。保守的なキリスト教徒の家で生まれ育った彼には、結婚に忠誠を誓わなければいけないという強い信念がある一方、人もうらやむような魅力的な女性と幸せな結婚生活をおくる夢も捨てられない。だから、いまのブリタニーとの生活は、まるで監獄行きを宣告されたかのようだった。

次に、私はブリタニーの言い分を聞くことにした。彼女は結婚相手を見つけるために自分を変えるプログラムに参加していたこと、ジョシュには自分がかつて太っていたことを話していないことなどを教えてくれた。

ジョシュと結婚したとき、「彼は体重など関係なく私のことを愛してくれる。もとの体重に戻っても幸せでいられるだろう」「自分という人間の内面を知って愛してくれれば、体重や見た目など関係ない」と思っていたという。だから、ジョシュからほかの女性に惹かれていると言われたとき、とても傷ついた。

たしかに、女性の見た目を気にしない男性もいる。そのような人は、彼女が太っていようがやせていようが関係ない。彼らには外見的な魅力よりも、はるかに大切な欲求があるのだ。でも、ブリタニーが結婚した相手はそういう男性ではなかった。それどころか、〝外見的な魅力をいちばん求めている〟男性と結婚したのである。

反対に、魅力的な外見を夫に望む女性もいる。私がカウンセリングをした女性のなかには、「やせるか別れるかのどちらかにして」と究極の選択を迫る女性も多かった。夫が20キロ以上やせないかぎり、一緒に住みたくないと言った女性もいた。

ブリタニーは、「婚姻関係を結ぶということは、相手の基本的な欲求を満たすことを約束するということだ」という私の説明に、一心に耳を傾けていた。

彼女がジョシュに求めているのは、稼いでくれることと愛情を注いでくれること、よく会話をしてくれることで、ジョシュは結婚以来、それを実行してきてくれた。けれども、彼女のほうは約束を守っていないのである。

はじめ、「私が約束を守っていないとはどういう意味ですか？」と、彼女は言い返してきた。

「美味しい食事も用意しているし、家もきれいにしているし、彼に優しくしているし……」

「それも素晴らしいことですが、足りないものがあるのです。ジョシュにとっては、あなたが外見的にも魅力的でいてくれることが、とても大切なのです。これはただの気まぐれではなく、彼が心から求めているものです。彼が結婚した美しい女性は、増えすぎた体重の影に隠れて見えなくなってしまいました。あなたが自分の体重を管理することは、彼を大事にすることにもなるのですよ」

はじめはブリタニーも私の言うことに耳を貸そうとはせず、「ジョシュはありのままの私を愛するべきなのよ！」と言い張るばかりだった。

「誰もが自分のしたことではなく、ありのままの自分を愛してほしいと思うものです。でも、あなただって、ジョシュがジョシュだから結婚することにしたわけではないでしょう。彼がいろいろなことをしてくれたからではないですか？　デートをしているときに、彼があなたの欲求を満たしてくれなかったら、きっと彼を人生のパートナーに選ぶことはなかったでしょう。それに、結婚したあとに、あなたの欲求を彼が満たしてくれなくなったら、彼への気持ちは大きく変わり、愛は冷めてしまったでしょう。ジョシュと同じように、罠にはまったような気持ちになったかもしれません」

愛情表現や会話といった女性が求めるものを、多くの男性は取るに足らないことだと考えている。反対に、男性が求めるものを、多くの女性は取るに足らないことだと考えている。けれども、本人たちにとっては取るに足らないものではない。

ブリタニーも、夫がスリムな体形が好きなのだと知っても、そんなことは取るに足らないことだと考えている。なぜなら、彼女自身は夫に対してそれを求めていないからだ。だから、ブリタニーはジョシュの浅はかな価値観こそが問題なのだと思っている。

男はなぜ見た目にこだわるのか

たいていの男性は外見的な魅力を求めていると女性に話すと、よく反論を受ける。

「見た目の奥にある、その人の性格、たとえば正直であるとか、信頼できるとか、思いやりがあるとか、より意味のあるものを見るべきなのではないですか？」

「遺伝のせいで見た目が美しくない女性の場合はどうなるのですか？　そういう人は愛されることはないということですか？」

こんなことを言われるが、先ほども述べたとおり、すべての男性が外見的な魅力を求めているわけではない。そういう人は、ほかの欲求を満たしてくれる女性と結婚する。

けれどもジョシュの場合、デートをしているときのブリタニーが彼の欲求を満たしてくれたので、彼女を選んだのだ。そしてブリタニーも、結婚する日まで自分が魅力的に見えるように懸命に努力をした。もしふっくらした女性がタイプだという男性と結婚したかったのなら、ダイエットをする必要はなかったはずだ。

そして、彼女は結婚したあと仕事をやめ、太りはじめた。それでもジョシュは、彼女の変わりように文句を言ったことはない。それは次の章で述べるが、経済的なサポートを彼女に求めてはいなかったからだ。彼の基本的な欲求をブリタニーが満たしてくれるかぎり、ジョシュは彼女を養うことに幸せを感じていた。

仮に、ブリタニーが養ってくれることを期待して、ジョシュが仕事をやめたらどうだろう。そのとき、ありのままのジョシュをブリタニーは受け入れることができるだろうか。

そうやって彼女に太る権利があるなら、ジョシュにも仕事をやめる権利があると話したところ、ブリタニーもやっと納得できたようだった。彼が仕事をやめて専業主夫になり、彼女が彼を養わなければならないとしたら、そんな彼を無条件に受け入れることはできないと気づいたのだ。ブリタニーがジョシュを無条件で愛せるのは、彼が彼女の基本的な欲求を満たしてくれていたからだ。

女はちょっとの努力で大変身できる

ブリタニーはエクササイズプログラムに参加してダイエットに励み、３カ月で18キロの減量に成功した。彼女が本気で取り組んでいる姿を見たジョシュは、自分もそのプログラムに参加した。そして1年後、彼女は増えた体重をもとに戻すことができた。

ブリタニーが自分を変えようとしたのは、ジョシュのためだけではない。自分自身のためでもある。理想の体重になったときはジョシュも喜んだが、彼女自身も嬉しかった。減量したことで健康状態もよくなったし、目標を達成したことで自己肯定感も高くなった。

何を美しいと思うかは人によるし、私も妻に美人コンテストの優勝者のような見た目になってほしいとは思わない。ただ女性は、夫が妻にはこうあってほしいと思うような見た目でいるべきだと思う。

では、永遠に当時のようでいなければいけないのかといえば、もちろんそうではない。しかし、歳をとったからといって太ったり、身なりに構わなくなったりしていいというわけではないだろう。まさしくブリタニーがそうだった。

ジョシュとブリタニーの場合は幸せな結果になったが、そうではない夫婦も多いことだろう。自分の見た目を絶対に変えるつもりはないという妻（夫）のカウンセリングをしたこともあるが、そういう人は、結婚した相手の愛情銀行の貯金を増やすチャンスをみすみす逃しているのだ。すると、パートナーが浮気や不倫に走るリスクも高くなる。

パートナーが魅力的であるほど男は誇らしい気分になる

女性が魅力的でいてくれることを求める男性は、魅力的な彼女を見るたびに嬉しくなるし、いい気分になる。欲求とはそういうものだ。大切な欲求がひとつ満たされれば、男性は満足感を覚える。だが、それが満たされないと欲求不満を覚える。そういう男性は未成熟で浅はかだと考える人もいるだろうが、ほとんどは魅力的な見た目を求めている。

一方、女性は彼にきちんとした身なりをしてほしいと思っているし、魅力的な男性には目を惹かれるという。しかし、たいていの女性は男性の見た目よりも、愛情を注いでくれたり、親密な会話をしてくれたり、隠し事をしないで正直でいてくれたり、経済力があったり、家族を大切にしてくれたりといった、ほかの欲求を満たしてくれる男性が好きだ。

私の知人の太っていて髪の薄い男性は、20歳も年下の可愛らしい女性と結婚した。彼女は彼に夢中で、ふたりは積極的な性生活をおくっている。

彼女は彼の外見ではなく、温かい心をもち、思いやりがあって、親切で、寛大で、彼女と同じくらい愛情を注いでくれる彼の内面を見ている。彼女にしてみれば、彼は〝素敵〟以上の存在なのだ。

実を言えば、私の知人は彼女の見た目に惹かれたのだという。すると、若い妻のほうが、彼よりもよほど分別があるということなのだろうか。

そうではない。ただ、男性と女性の欲求が違っているだけのこと。彼女にとって、外見的な魅力は彼ほど大切ではないし、彼女自身、自分が美しくいられるよう努力をしてきたが、それは彼が喜ぶことを知っているからだ。代わりに彼も、彼女が求めている愛情表現や会話、経済面でのサポートなどを心がけてきた。

どんな女性も、男性に対して〝自分の魅力を高める〟ことができる。ダイエット法やメイク術、似合うヘアスタイルなどが書かれた本や雑誌、ＤＶＤなどが世の中にはたくさんあるので、ぜひ参考にしてほしい。

彼の気持ちを放したくなければ、美しくいるための努力は惜しまないでおこう。

自分の魅力を最大限に引き出すメイクを知る

ローズはきちんと化粧をしたというよりは、ピエロのようだった。とても魅力的な顔のつくりをしているのだが、何かが間違っている。自分の魅力を引き出すようなメイクができていないのだ。

人は古代エジプト時代から化粧をしてきたし、いまでは数兆円という美容産業が成り立ち、どんな女性でも化粧の力を借りることができる時代になった。化粧をしない女性や下手な女性は、ただうまく化粧をする方法、自分の魅力を最大限に引き出すメイクの方法を教えてもらう機会がないだけだ。

私はそのような女性に対しては、プロのアドバイスを受けてみることを提案している。化粧品店や百貨店に行けば、無料で相談にのってくれるし、アドバイスしてくれるので、それを試してみよう。また、女性誌に載っているメイク特集を参考にするのも役立つだろう。

メイクが上達して、劇的に見た目が変わる女性をたくさん見てきた。独身の女性がそんな変化をとげると、必ずといっていいほど独身の男性はその女性に注目してデートに誘う。そして、見た目がよくなった女性を妻に持つ男性は、**妻が自分のために変わってくれたことを知っておおいに喜ぶ**。

自分の魅力を引き出すメイクをすることは、なりたい自分になれるだけでなく、パートナーの欲求を満たすものであることも忘れてはならない。

自分を魅力的に演出するヘアスタイルを知る

ほとんどの女性はヘアスタイルに気をつかっている。カットしてもらったり、ヘアカラーをしたり、パーマをかけたり、セットしてもらったりするのに、たくさんの時間とお金を投資している。

そうやって時間とお金をかけるのが、パートナーを喜ばせるためや、自分の好きなスタイルにするためならいいことだ。けれども美容師の言うままに、パートナーが好きではないスタイルにしてしまったら、自分にも結婚生活にも悪影響をおよぼす。

それは避けたほうがいい。**ヘアスタイルやヘアカラーを変えるときには、事前にパートナーに意見を聞いてみよう。**なぜなら、**毎日一緒にいるパートナーに対して、魅力的に見せることがなによりも大切**だからだ。

すると、「本当にそうでしょうか？」と反対する女性がいる。自分にもしたいようにする権利があるし、そこまでパートナーを気づかう必要はないというのが彼女たちの主張だ。私はなにも、自分がしたくないヘアスタイルでもつべこべ言わずにしなさい、と言っているわけではない。

実際、自分が魅力的だと思えるような見た目でなくてはならないのは当然である。妻が耐えられないようなヘアスタイルを夫が好きだという場合は、話し合いが必要だ。しかし、数あるヘアスタイルのなかには、必ずふたりの意見が一致するものがあるだろう。

あなたに魅力的でいてほしいという男性の欲求を理解したら、その目標に向かって努力しよう。そうすれば、もっと愛される女性になれる。

〝くたびれた服〟はあなたを〝くたびれた女〟にする

〝ファッションで男は変わる〟という古いことわざがあるが、私は〝ファッションは女性を表す〟と思っている。服が女性の魅力を引き立てることもあれば、半減させることもあるからだ。

原則は、メイクやヘアスタイルと同じように、パートナーが魅力的だと思うような服を着ること。

ファッションには流行りすたりがあるので、数年もすれば服のデザインも古くさくなったり、ダサく感じられたりする。自分のスタイルは永遠というファッションデザイナーもいるが、ある普遍的な法則があるように思う。それは、男性が魅力的だと思わないような服はすぐに人気がなくなるというものだ。

そして、**女性は外出するときの服と同じくらい、ナイトガウンやパジャマにも気を配ったほうがいい。寝室での装いは、彼のためでもあるからだ。**くたびれてヨレヨレになったパジャマを着て、髪にはカーラーを巻き、顔にパックなどをつけているようでは、彼の愛情銀行の貯金は増えないだろう。

「どうせ誰も見ていない」からと、着古したナイトガウンを着てベッドに入る女性は、大事なことを忘れている。

たったひとりの大切な人が、あなたを見ているという事実だ。だから、**家のなかでこそもっと魅力的に見えるものを着よう。**彼もきっと喜ぶだろう。

なぜ外見を磨く必要があるのか

外見の魅力が大切だということをいまだに納得できない人は、外見が魅力的とはどういうことなのかを考えてみよう。

ひと言でいえば、その人を見たときにいい気分になるということだ。

自分が相手を魅力的だと感じれば、心が満たされる。しかし、ひと口に魅力といってもいろいろあるだろう。性格が魅力的な人も心を満たしてくれる。そういう人は外見ではなく、愛情表現や会話の仕方によって愛情銀行の貯金が増えていく。つまり、心を満たしてくれる人のことを、私たちは魅力的だと感じるのだ。

あなたの外見がパートナーの心を満たすのなら、それを無視することに意味はない。

この章の冒頭に登場したブリタニーのように、外見をよくするなんて無理だと思っている人もいるだろう。そういう人は、生まれながらにして魅力的な人と、そうでない人がいると間違った思い込みをしている。

女性は自分がどう見えているか、たとえばメイク、ヘアスタイル、ファッション、しぐさ、姿勢、体重などについて、自己評価をしてみよう。そして、**彼に正直な意見を聞き、できればプロや信頼できる友人などに相談してみるといい**だろう。そのうえで、どこを変えるべきかを考え、現実的な目標を設定して改善していこう。

1週間で変えられるものもあるだろうし、なかには何年もかかるものもあるだろう。けれども、その変化にはきっと、人生を好転させるほどの力がある。

外見磨きをおろそかにするリスク

とてもほがらかでチャーミングなリディアは、自分と釣り合う男性とデートをしたいと思っていたのだが、自分の外見にはそれほど気を配っていなかった。

そこで私は、男性にとって外見的な魅力がどれほど大事かを彼女に教えた。実際、彼女自身は外見をそれほど気にしておらず、相手の外見にもまったくこだわらない。けれども、彼女の意中の男性は外見が魅力的な女性を求めていたので、彼を振り向かせたいなら、その欲求を満たす外見にならなければならない。

彼女が変身するまでには6カ月かかったが、リディアは息をのむほど魅力的な女性になった。これまで友人だった男性たちも、彼女にデートを申し込んだ。

最後にリディアに会ったとき、ブリタニーと同じような間違いをしないようにと念を押した。つまり、男性の気を引くためにダイエットしたけれど、結婚したらもとどおり……ではトラブルになりかねないからだ。

リディアは男性を魅了するために自分を変えたが、いつまでもそのままでいなければいけないことをよくわかっていた。なぜなら、**彼女が魅力的になることで満たされた彼の欲求は、結婚後もずっと続く**からだ。

パートナーをいい気分にさせる方法がわかっているなら、できるだけそれを実行するよう心がけよう。**妻が魅力的でいることは、幸せな結婚生活には欠かせないことが多いし、どんな理由があるにせよ、それをおろそかにする女性は、結婚を破滅させるリスクを負っている。**

同じことは男性にも言える。自分の外見を変えれば、単に彼女の欲求が満たされるだけでなく、自分自身の気分もよくなる。ビジネスがうまくいくようになったり、健康的になったりして、**結婚生活以外のところでも恩恵を受けることができる**だろう。

自分の外見がよくなったのを見た相手の反応を目の当たりにすれば、欲求を満たすことができたとわかって、自分が正しい決断をしたと思うことだろう。愛情銀行の口座には、たくさんの愛情が振り込まれるに違いない。

幸せな結婚の法則 #6

愛される女は、自分の生まれもった魅力を最大限に生かすことと、その努力を怠らない。

She Needs Enough Money to Live Comfortably — Financial Support

女は結局、経済力を重視する

テイラーはアメリカの中流家庭で、何不自由なく育った。大学に進学して美術と歴史を専攻し、そこでジェームズと出会い、在学中に結婚した。

ジェームズは学士号を取ったあと、修士号も取得した。

しかし卒業後も、自分の専門知識を生かせるような仕事にはつけなかった。そこで商業美術のほうに分野を移そうとしたが、そこでも競争は厳しい。

卒業から2年たっても、フルタイムの仕事につくことはできなかった。絵画を製作したり、デッサンをしたりして忙しく過ごしていたものの、収入は少なく先行きも不透明。結婚してからの6年で、半年以上続いた仕事や依頼はなかった。

そこでテイラーは、生活費の足しにしようと、フルタイムの受付の仕事を見つけてきた。

本当は子どもも欲しかったけれど、経済的に余裕がない。ふたりは質素なアパートに住み、安い車を1台買うことすらできなかった。

女が家庭の大黒柱になると溝が生まれる

テイラーは職場で、出世の階段を上っている若いエグゼクティブたちと知り合った。高価なスーツに身を包んだ彼らは、みんな輝いて見える。すでにジェームズの何倍もの収入を稼いでいる人もいた。

そんなエグゼクティブのひとりのディランが、テイラーに興味を持つようになった。テイラーは受付や電話での顧客応対がとてもうまく、ディランは仕事をするときに何度か彼女に助けられたことがあった。そんなこともあって、ディランはテイラーともっと一緒に仕事をしたいと思うようになり、ときどき受付に立ち寄るようになった。彼は、テイラーのことを知れば知るほど彼女に惹かれていった。

テイラーはディランによくこんな話をした。

「ジェームズはかわいそうなの。とても腕はいいんだけど、芸術家が安定した仕事を見つけるのは難しいのよね」

ある日のこと、テイラーは耐えられなくなって泣き出してしまった。

「ジェームズの収入がよくなることなんて、これからもきっとないわ。私たちは何も手に入れることができないのよ」

すると、ディランは彼女を心配するというより、同情するような口調で言った。

「ぼくが言うことじゃないかもしれないけど、ジェームズは得をしていると思うな。だって、きみが働いているあいだ、自分は楽しく絵を描いていればいいんだから。きみと結婚していなかったら、彼もぼくたちと同じように働いていたと思うよ。きみにしてみたら不公平な話だ」

そう言われて、テイラーはいろいろなことを考えはじめた。

「ジェームズは私を利用しているんだわ！　私を犠牲にして、自分は好きなことをしているもの。私のことを大切に思っているなら、芸術家なんてあきらめて、家族のために働いてくれるはずよ」

次第にいまの状況に腹が立ってきた。

じきに、テイラーとディランの友情は深まっていった。はじめはときどき仕事の話を彼女のデスクでする程度だったのが、休憩時間にも話をするようになり、そのうちほぼ毎日一緒にランチをとるようになった。

ディランを見ていると、テイラーはビジネスマンだった父親のことを思い出す。やはり野心家で収入もよかった。ディランのことを知れば知るほど、ジェームズと結婚したのは失敗だったと思うようになっていった。

想像どおり、ふたりの友情はそのうち深い関係へと発展した。ジェームズが非常勤講師の面接を受けるために遠方へ行っていたある週末のこと、ディランはテイラーを自分のボートに誘い、そこでふたりは初めて愛を交わした。

ジェームズの面接はうまくいかなかったが、この先ジェームズがどこか遠いところで仕事を見つけたら、ディランとは離れ離れになってしまう。テイラーはジェームズのことよりも、ディランと会えなくなるほうが寂しかった。

ジェームズに浮気がバレるかもしれない、そんな心配事を解消するために、ついにテイラーは離婚を決意した。そして1年後、ディランと再婚したのである。

女はお金のために結婚するのか

お金目当てで結婚した女性をめぐる笑い話はたくさんあるが、この問題は決して笑い事ではない。私はそうではない、と反発する女性もいるだろうが、**実際にある意味、女性はお金のために結婚するのであり、パートナーには少なくとも自分の食い扶持くらいは稼いでほしいと思っている。**

テイラーとよく似た問題を抱えたオリビアは、夫の収入が低いため、とてもみじめな結婚生活をおくっていた。しかし、その問題を解決するために〝離婚をする〟ことだけは絶対に嫌だと言っていた。

「ドンは誠実で愛情深い人なんです。収入が低いという理由だけで別れるような、身勝手で思いやりのないことはしたくありません」

「なるほど。いつもそう思っていますか？」

「もちろんです！　収入が低いから別れるなんて、卑劣で身勝手なことだと思います」

オリビアの意志は固く、絶対に別れないという。私も彼女はきっと我慢すると思っていた。ところが2週間後、彼女はカウンセリングの時間に現れなかった。なんでも離婚を申し出たらしく、そのことを私に言うのが恥ずかしかったのだそうだ。離婚が成立すると、彼女は前の夫よりもかなり高収入の男性と結婚した。

ドンとの結婚生活にあっさり終止符を打ったのに、なぜオリビアは「離婚しない」と言い張ったのだろうか。

実は、彼女のような言動はとくにめずらしいものではない。カウンセリングをしていると、口では頑なに離婚はしないと言いながら、結局別れることになってしまう人がたくさんいる。

オリビアが矛盾した行動をとったのは、心の奥底で、自分の信念を大切にすべきなのか、それとも経済的に安定した暮らしがしたいという欲求を大切にすべきなのか、葛藤を繰り返していたからだ。結局は生活に困らない十分なお金が欲しいという欲求が、離婚はしないという思いよりもずっと強かったということだ。

現在、職場における女性の立場が変わったことで、女性が男性に経済力を求めることはなくなったと思う人もいるだろう。しかし、実はそうではない。

女性がいまでもお金のために結婚することがあるのかどうか調べようと、私の講演を聞きに来た夫婦たちに、次のように尋ねることがある。

「結婚する直前に、自分の収入はあてにしないでほしいと相手から言われたら、それでもあなたはその人と結婚しますか？」

すると、ほとんどの男性が手を挙げるのに対し、女性はひとり手を挙げるか挙げないかという程度だ。それはつまり、ほとんどの女性は、いまでもパートナーが生活費を稼いでくれることを期待しているということだ。

女は自分のキャリアを選びたい

「夫には働いて家族を養ってもらわなくては困る」と多くの女性が考えている。私のところには、自分が働かなくてはならない状況が我慢できない、と訴える女性が次々とやってくる。

彼女たちはキャリアを積むのか、専業主婦になるのか——あるいはその中間か——を選びたいのだ。たいていの女性は、子どもがまだ小さいうちは専業主婦でいたい、そして、子どもが大きくなったら社会に出てキャリアを積みたいと考えている。

けれども現実には、多くの女性が子どもが小さいうちから、生活費をまかなうために働かなくてはならないという厳しい状況にある。パートナーの収入だけでは毎月の生活費をまかなうことができないのだ。

誤解しないでもらいたいのだが、私はキャリアを追求したい女性に異議を唱えるつもりはないし、結婚したあとも仕事を続ける女性に反対しているわけでもない。私の娘も博士号をとり、臨床心理士の資格を持っているし、ふたりの娘を育てながら仕事を続けている。本人も母親と臨床心理士という二足のわらじを履いて忙しくても、そのことに幸せを感じている。もちろん彼女の夫も幸せである。

もう一度繰り返すが、**多くの女性は、仕事をやめるのか続けるのかを選びたい**と思っている。キャリアを選ぶとしても、それは生活費のためであってはならない。つまり、多くの家庭は、夫が普通に仕事をして得られる収入で暮らしていくべきなのだ。

夫婦が分不相応な生活をあきらめるなら、夫も家族の生活に見合った現実的な収入目標を立てられる。でも、妻が働くことで家や車を買ったり、自由にクレジットカードを使ったりする生活ができているなら、生活レベルを落とす気にはならないだろう。

多くの夫婦が、私の意見を非現実的だと言って快く受け入れない。しかし、ひとりぶんの稼ぎで生活できる方法はある。

ただし、**女性が本音では男性に経済力を求めていることは、真剣に受け止めなければいけない**ことを強調しておこう。

ほとんどの男性は、女性に経済力を求めてはいない。自分の給料で生活費をまかなうことができていれば、愛する女性の稼ぎが少なかろうと満足している。反対に、稼ぎの少ない男性に満足している女性には、ほとんど会ったことがない。

女性の権利を擁護するという観点から、女性にも仕事をする権利があるとして、女性もキャリアを追求すべきだと訴える知識人もいる。でも、そういう人たちは、女性には専業主婦になる権利もあることを考慮していない。女性の母親になりたいという欲求を理解していないのかもしれない。

女性には、キャリアを積むか専業主婦になるかの選択権があるべきだと私は思っている。

そして、その選択がパートナーによってなされたり、女性の権利を主張する人たちによってなされたり、ほかの誰かによってなされたりするようでは、女性は結婚生活に満足感を覚えることはできない。

夫婦が頑張れる〝賢い予算の立て方〟

どの家庭にもそれ相応の生活がある。しかし、自分たちの経済力に見合ったもの以上のものは買わないようにしている、という夫婦には会ったためしがない。

予算のことは「必要だけれども考えたくない」という人もいるが、私は「必要だからこそ考えよう」と言いたい。

予算を立てれば、ある生活レベルを維持するためにはどのくらいのお金がかかるのか、わかるようになる。自分たちの生活レベルをしっかりと把握するために、私は**3つの予算を立てる**ことをすすめている。ひとつ目は**〝必要なものの予算〟**、ふたつ目は**〝欲しいもの**

の予算〟、そして3つ目は**〝買えるものの予算〟**である。

必要なものの予算には、毎月かかる生活必需品、つまり、ないと困るものを入れる。

欲しいものの予算には、手に入れたいもの、つまり、人生に特別な喜びをもたらしてくれるものを入れる。ただし、それはあくまで現実的な望みのものにしよう。たとえば庭つきの家や運転手つきのリムジンなどは、それが自分たちの身の丈に合ったものでなければ除外する。

買えるものの予算を立てるには、まず自分の収入から〝必要なものの予算〟を引く。そして、余った収入を〝欲しいものの予算〟で挙げたもののなかから優先順位の高い順に、買えるものの予算として振り分けていく。

必要なものの予算には、夫の収入だけをあてることをおすすめする。言い換えれば、夫に必要なものを買うのに十分な収入があれば、経済力のある夫でいてほしいという妻の欲求は満たされていることになる。

一方、欲しいものの予算と買えるものの予算には、夫婦両方の収入をあてよう。ふたりの収入をすべて足して買えるなら、それで問題はない。でも、欲しいものにかかる費用がふたりの収入を足したものよりも多い場合は、そのなかで最も優先順位の低いものを、買えるものの予算からはずさなければならない。すると、必要なものは夫の収入でまかない、欲しいものは夫の収入の残りに妻の収入を足して買うというルールができる。

こうして３つの予算を立ててみると、妻の収入があるからこそ、必要なものだけでなく欲しいものも買えるのだとわかるし、妻の収入が生活レベルの質の向上に役立っていることがはっきりする。

キャリアを積みたくて働く女性もいれば、子どもから離れる時間をつくりたくて働く女性もいる。

しかし理由が何であれ、夫の収入で基本的な生活費をまかなえていれば、彼女は家計を助けるために働いているのではない。それがわかれば、働く時間を少なくして、生活レベルの質を上げたいと考える女性もいるかもしれない。そうなると収入は少なくなるかもしれないが、家族と過ごす時間は増やすことができるだろう。

自分と子どもに必要なものは、パートナーの収入でまかなえているとわかれば、女性はパートナーへの気持ちが好転するはずだ。

前向きな理由で働くと、カップルに信頼と愛情が生まれる

男性の収入が必要なものの予算をまかなうのに十分でないときは、どうなるだろうか。生活レベルを下げたくないという女性は多いだろう。自分も働かなければならないことに憤慨しながらも、生活レベルを落とすくらいなら働いたほうがいいと考える。

この罠にはまってしまうカップルを数多く見てきた。夫は懸命に働き、毎晩疲れきって帰ってくる。それでも給料は十分ではない……。妻は不足分を埋め合わせるために働いて不幸せな気分になるか、耐えがたいほど生活の質を落として不幸せな気分になるか、究極の選択を迫られることになる。

こうした状態に陥ってしまった男性には、心から同情する。彼は懸命に働いているのに、妻が求める経済的な安定を手に入れることができないのだから。

この難局を乗り切る方法はほかにないのだろうか。

家族との時間を犠牲にすることなく、彼はなんとかして収入を増やさなければならない。そのためには昇給を求めてみたり、もっと給料のいい仕事に就いたり、大変かもしれないが職種を変えてみたりする必要がある。さて、この問題を解決したカップルを紹介しよう。

ショーンとミンディが私のもとを訪れたとき、ショーンのキャリアは頭打ちになっている状態だった。勤めていた企業では、これ以上の出世は望めない。私ははじめにミンディと話したが、彼女は泣き出してしまった。

「こんなふうに思うべきではないとわかっているのですが、最近ショーンを尊敬できなくなってしまって。彼の収入では満足な生活ができないので、足りないぶんを補うために、私にもう一度働いてほしいと言うんです。でも、まだ子どもも小さいので、働きに出たくありません」

「少し生活費を切り詰めてはどうですか？」

私は尋ねた。

「私に言わせれば、いまでも最低限の生活です。家も最小限の広さですし、車は2台ないと困ります。町から離れたところに住んでいるので、交通手段がないと生活できません」

ミンディには生活レベルを落としてもらうのは無理だと判断したので、もうひとつのアドバイスをすることにした。

「ショーンが大学を卒業していれば、もっと高い給料をもらえるでしょう。たしか、あと2年を残して休学していますよね。彼の卒業を助けるために、そのあいだだけ、あなたが働くことはできませんか？」

「そうですね、それならできると思います。ずっとというわけではないし。ショーンに話して、彼の意見を聞いてみます」

数週間後、ショーンとミンディは結論を出した。ミンディはフルタイムの仕事を見つけ、ショーンは大学で学位を取るために、会社での仕事はパートタイムに変えてもらった。

この新しい計画で、彼らの結婚生活は破綻を免れた。ミンディは給料を上げてもらうために力をつけようと頑張っているショーンを見て嬉しかったし、自分が犠牲になっているとも思わなかった。これが永遠に続くわけではないとわかっていたからだ。

実に皮肉なことに、ミンディは仕事が気に入ったようで、ショーンが大学を卒業したあとも働き続け、生活費を支えるのに十分な金額を稼げるようになった。結局、彼女は夫への尊敬も取り戻し、やりがいのある仕事を見つけることもできたのである。

男性の収入が本当に足りない場合は、仕事のスキルを向上させることを考えるべきだろう。新しい仕事のための勉強をしているあいだ、家族は生活レベルを一時的に落とさなくてはならないかもしれないし、妻が働きに出なければならないかもしれないし、あるいはそのどちらも必要になるかもしれない。

経済的な危機を乗り越えるために一時的に必要なら、生活レベルを落としたり、自分が働きに出たりすることをいとわない女性は多い。そうやって一時的にどちらかが我慢したりすることで、カップルのあいだには確実に信頼と愛情が生まれる。

カップルが同じ目標に向かっていれば、共通の利益が生まれやすくなるし、ふたりの会話ももっと楽しいものになる。そうすれば、お互いに好意をもち、尊敬できる関係でいられるようになる。

幸せに暮らすためにお金はいくら必要か

ショーンとミンディのような夫婦の相談に数多くのっているうちに、幸せになるために必要なお金は、いかに少なくてすむかがわかった。彼らはキャリアアップのための教育を受けているあいだ、一時的にぎりぎりまで生活費を切り詰める必要がある。しかし、そうやって切り詰めても満足のいく暮らしができることに、みな驚くのである。

サラとビリーに初めて会ったとき、ふたりは精神的にも経済的にも行き詰まりそうだった。ふたりともフルタイムで働いていたのだが、彼らはその収入に満足していないようだった。ふたりはくだらないものにお金を浪費し、道徳観念を失い、自滅への道を突き進んでいるように見えた。

私はふたりに人生で新しい目標を見つけることが大切だと話した。そして、大学に行ってその新しい目標を見つけることを提案した。でも、彼らにはひとつ問題があった。ふたり合わせて、月40万円近くかけて生活することに慣れてしまっていたことだ。それを維持しながら大学に通うのは無理だろう。そこで、根本的な解決策を提案することにした。

「1カ月15万円で生活したことはありますか？」

彼らは顔を見合わせると笑い出した。

「1カ月15万円で暮らせる人なんていませんよ」

ビリーがそう答えた。

「いえいえ、世の中のほとんどの人はそれ以下で暮らしています。試しにやってみませんか？　あなたたち以外の人がどんな暮らしをしているのかを知るのも、なかなかおもしろいことだと思いますよ」

その日はふたりともクスクス笑って、信じられないとばかりに首を振りながら部屋を出ていったが、これで彼らに考えてもらうきっかけは与えたことになる。

ふたりが私のアドバイスどおりにしようと決心したのは、数週間たってからだった。

ふたりは大学の近くに、キッチンがついたワンルームのアパートを借りた。車は売ってしまったので、通学や通勤はバスや自転車を使った。食品は栄養があって安いものを買い、洋服はリサイクルショップで買った。家具は前から使っていたものをそのまま使い、車や不用品を売って得たお金は貯金した。

1カ月に必要な15万円を稼ぐために、ふたりとも週15時間だけは働いた。ときには15万円以上の稼ぎがあることもあったが、ふたりでそれ以上のお金は使わない約束をした。

こうして、これまでの悪い習慣を断ち切ることができたのである。教育費はすべて奨学金でまかなったので、大学を卒業したときも貯金は残っていた。

彼らの生活は劇的に変わった。ふたりの愛情銀行の貯金もお互いに増えたし、見るからに楽しそうだった。初めて会ったときはすぐにでも離婚しそうだったのに、いまはとても幸せそうだ。1カ月15万円で暮らしていても、こんなふうに変われるのである。

実は、私たちはいまよりもずっと少ない費用で暮らすことができる。もちろん、子どもがいる家庭の場合はなかなか難しいかもしれない。でも、ほとんどの家庭がいまよりも少ない費用で快適に暮らせるのだ。

人は、本当は必要ではないかもしれないものまで必要なものだと思っている。分不相応な生活をしているがために、いまの経済力で満足することができなくなってはいないだろうか。

家族を養うために働きすぎて早死にする男性も多い。高い生活レベルを保つためにかかる費用を計算しながら、人生でいちばん大切なものを犠牲にしていないか考えてみよう。

幸せな結婚の法則 #7

それほどお金がなくても、共通の夢を持っているカップルは幸せでいられる。

He Needs Her to Be Proud of Him—Admiration

男は女に尊敬・賞賛されて伸びる

「まあ、チャールズ。ありがとう」

ローリは興奮した面持ちで、キラキラと目を輝かせた。

「素敵な絵ね！　自分が描いた絵をプレゼントしてくれた人は初めてよ。素晴らしい才能だわ」

「いや、それほどでもないさ。まだまだ練習しないとね」

「あなたは自分のことを過小評価しすぎよ。自信を持って。専門家の私が言うのだから間違いないわ。立派な芸術家であるあなたを誇りに思うわ」

チャールズとローリが付き合っていたころは、よくこんな会話を交わしていた。彼女はいつだってチャールズをほめ、彼はそれが喜びだった。これほどほめてくれる人はほかにいない。

ところが結婚すると、ローリの言葉は少しずつ変わりはじめた。商業デザインの仕事に満足していたチャールズは、当然、ローリも自分の仕事を気に入ってくれていると思っていた。

でも､彼女はチャールズに有名な芸術家になってほしかったのだ｡彼が自分のポテンシャルを高めようとする気がないのを見てとると、次第にチャールズを称賛することが少なくなっていき、ついにはまったくなくなった。

一方、チャールズはスタジオでリンダと仕事をすることが増えていた。彼女はレイアウトやグラフィックが得意で、人目を引くようなディスプレイを何度か一緒につくったことがある。

ある日、一緒にランチをとっているとき、チャールズは彼女に悩みを打ち明けた。

「リンダ、ぼくは妻が言うように、芸術の世界でのし上がっていくための努力をほとんどしてこなかった。とんだ怠け者なんだ」

「怠け者ですって!?」

とんでもないとばかりに、リンダは抗議した。

「なぜ奥さんはそんなことを言うのかしら? この世界がどれほど厳しいか、きっと知らないのね。あなたの年齢で芸術家としてここまで成功している人は、ほかにいないわ。奥さんはそれがどれほど大変なことか、わかっていないのよ。それに、あなたは私がいままでに出会った人のなかで、いちばん素晴らしい人よ。あなたみたいな素敵な人と結婚できたことを、奥さんは幸せだと思うべきだわ」

「ありがとう、リンダ。そんなふうに言ってくれて、嬉しいよ」

チャールズはそれしか言えなかった。

「お世辞で言ってるんじゃないのよ。心からそう思ってるわ」

チャールズは彼女の言葉を一日中思い返していた。

いつかなれるかもしれない自分のことではなく、いまの自分をほめてくれる人がやっと現れたのだ。彼は、彼女の期待に応えるために頑張るのも悪くないと思った。

それから間もなく、チャールズとリンダは深い関係になった。そして、ふたりのことを知った会社の社長のすすめで、チャールズとローリは私のところにカウンセリングに訪れた。

男は〝責める〟より〝ほめる〟ことで成長していく

男性というのは、心からほめられると頑張る気力が湧いてくるものだ。女性から「素敵」と言われると、もっと頑張ろうとする。新しいことにもチャレンジできるような気になったり、いまよりスキルアップできるような気がしたりする。そうすることで、これからの人生で責任を担う覚悟ができていく。

ほめられると、やる気が起きるだけでなく、自分の存在価値を見出すこともできる。男性はパートナーが自分のしたことに感謝してくれると、給料をもらうよりもはるかに高い満足感を覚える。

だから、**女性はパートナーが基準を満たしているなら、もっとできるはずだと思うのをやめて、積極的に感謝しなくてはいけない。**

ほめられることで、自分で自分のことを信じられるようになる男性もいる。ほめてくれる人がいないと、そういう男性は自分の欠点を見せまいと頑張るが、周りからの批判に耐えられなくなる人もいる。彼らは、〝妻の精神的な問題を解決するため〟という口実をつくって、私のところにやってくる。

男性は周りから批判されると身構えて守りに入ってしまうが、ほめられるとエネルギーとやる気が湧いてくるものだ。**妻には自分のいちばん熱心なファンでいてほしいと望んでいる。**

パートナーの支えがあれば、男性は自分に自信を持つこともできるし、パートナーに励まされると、もっと多くのことを成し遂げることができる。

こんなことわざを耳にしたことがあるだろう。

「偉大な男性の陰に偉大な女性あり」。

私はこれを少し変えて、**「偉大な男性の陰に、ほめ上手な女性あり」**と言っている。

偉大な男性の伝記を読めばそれがわかるし、すべての男性の人生においても、それは真実だ。男性は女性にほめられることで成長していく。

男性というのは、パートナーには自分を最も批判する人であってほしくない。けれども、夫を〝成長させる〟のが自分の権利であり、義務だと考える女性がいる。そういう女性はパートナーをほめずに、アラを探して批判ばかりする。

男性の基本的な欲求のひとつがほめられることだというなら、多くの結婚カウンセラーが女性に対して、「パートナーの批判をするのはやめよう」とアドバイスするのも当然だろう。批判することは、ほめることとは対極にある。

結婚生活のうえで何か問題があっても、あえて触れないほうがいいと言っているわけではない。相手への不平は伝え合うべきだが、敬意のかけらも感じられない言い方をするのは効果がないばかりか、ふたりの関係も悪化させてしまう。とくにパートナーからほめられたいと思っている人にとってはそうだ。

批判と不平は違うことを理解しておかなければならない。不平とは、解決したいと思っている問題を相手に伝えることだ。たとえば、「最近、性的な不満がたまっているので、もっと積極的にセックスがしたい」と言うのは不平だ。

一方、不平に軽蔑の意が含まれると批判になる。

「あなたには本当にがっかりだわ。こんなにひどい人だとは思わなかった」

こうなると、不平ではなく批判になってしまう。

どちらのものの言い方のほうがうまくいくだろう。一方は話し合ったり交渉したりするために問題を提起するもの。もう一方は口論のきっかけになるものだ。

結婚生活でいろいろなことがうまくいっていないときに、相手を心からほめるのは難しいだろう。だが、失礼なものの言い方さえしなければ、批判するのを避けることができる。

不平があるならそれを相手に伝えて、批判は自分の胸のなかだけにとどめておこう。

ほめるときに注意すべきこと

彼にたくさんのほめ言葉をかける前に、ひとつ注意しておかなければいけないことがある。それは**心にもないことを言ったり、お世辞でほめたりしてはいけない**ということだ。**ほめ言葉は、あなたが心から思っていることを言わなければならない。**

そう言うと、世の女性たちからこんな言葉が聞こえてきそうだ。

「おっしゃることはよくわかります。けれども、夫にいつもイライラさせられている場合は、どうしたらいいんでしょう？　そんな夫をどうやってほめればいいというんですか？」

これはとても大事な質問である。

夫婦が結婚の意義を見失ってしまったら、結婚生活はうまくいかなくなる。これ以上結婚生活を続けたくないと思い、相手には尊敬に値するものは何もないと思い込む。

でも、それは単なる幻想だ。いま直面している問題がどんなものであるにせよ、いいところは誰にでもある。だから、いいところを探してみよう。夫の性格、特徴、行動を振り返ってみれば、純粋に尊敬できるところが見つかるはずだ。

しかし、相手のいいところを見つけてほめることよりも、相手からほめられるような言動をすることのほうが、よほど難しい。

妻がほめたくなるような言動をするためには、この本で述べていることを実行しなければならない。つまり、妻の欲求を満たさなければならないということだ。

愛情は増えたり減ったりするということや、お互いの欲求を満たせば恋愛感情を取り戻せるというのは、すでに述べたとおりである。

女性が尊敬の念を抱くのも、それとよく似ている。男性が女性の最も大切な5つの欲求を満たせば、女性の心には自然と尊敬の念が生まれる。反対に、男性がその欲求を満たさなければ、女性は心から賞賛することができなくなる。

女性が男性をほめられるかどうかは、彼女の基本的な欲求を満たせるかどうかにかかっているのだ。

"言葉で伝える"習慣を身につけよう

とにかく女性はパートナーを尊敬し、賞賛することだ。しかし、それを口に出すのは思ったほど簡単ではないし、パートナーに伝える習慣がまだ身についていない人も多いことだろう。ただ、心のなかで誇りに思ったり、賞賛したりしているだけでは、相手に伝わらない。それを言葉にして伝えよう。

最初はぎこちない感じがするかもしれないが、それが習慣になっていくにつれ、よりスムーズに、自然に言えるようになる。そうなれば目標達成だ。あなたは男性が女性から受けると嬉しい賞賛を、自然に口にできるようになっている。

しかしそうすることで、パートナーがまだ十分に習慣化できていないその行動を、やめてしまうのではないかと心配する女性もいる。けれども、**少しでも尊敬できると思ったら、すぐにそれを言葉で伝えることが大切だ。**行動が変わったことに対するご褒美ではなく、

あなたが心から思っている素直な気持ちを伝えるといい。

男性というのは尊敬されたい、賞賛されたい、価値を認めてもらいたい、感謝されたい生き物だということを忘れないでほしい。

浮気をして私のもとを訪れる男性の多くが、「北風のように冷たいパートナーの批判に比べ、浮気相手から受ける尊敬の眼差し、賞賛の言葉はまるで春のそよ風のように感じられる」という。

結婚生活の外で、自分を承認してくれる人を探したくなるような気持ちにさせてはいけない。男性はパートナーから認められたいのだ。愛され、一生手放せない女性になるためには、「あなたなら大丈夫」という彼の自信を育む言葉を伝えて、彼を支えてあげよう。

幸せな結婚の法則 #8

男のプライドを上手に鼓舞すれば、愛される女にもなれるし、お互いの愛情銀行に貯金も増える。

She Needs Him to Be a Good Father—Family Commitment

家族として真のベスト・パートナーになるために

アンとテリーは30代の前半に出会った。ふたりとも、ちょうどそろそろ身を固めたいと思っていたころだった。ふたりの関係はとてもうまくいっていた。テリーがアンの両親を嫌っていたことを除いては……。

アンはこのことに胸を痛めていたが、同じ問題を抱えているほかのカップルに比べれば、まだましだと思っていた。そのほかの面では、ふたりの関係は申し分なかったので、この問題は受け流すことにした。ときがたてばそのうち解決するはずだと、彼女は自分に言い聞かせた。

テリーはアンの家族とどうしても関わりたくないようで、結婚式は険悪なムードになった。親戚にあいさつする間もなく、アンは急かされるように新婚旅行に出かけた。

結婚1年目には、アンもテリーを家族の集まりに参加させようと頑張ったが、自分の両親にすら会おうともしないテリーが、アンの家族に会うはずもない。

この問題を〝ときが自然に解決する〟ことはなく、ふたり目の子どもが生まれるころには、テリーは自分の子どもにすら興味がないということがわかった。子どもがまだひとりだったころは、アンも「男なんてそういうもの」だと思って気にしないようにした。

しかし、テリーが子どもに興味を持つことはなかった。子どもと一緒に遊ぼうともしないし、父親の気を引こうとして子どもが騒ぐといらだった様子を見せる。アンは、家族を大切にしない人と結婚してしまったのだと認めざるをえなかった。彼女がいちばん心配したのは子どもたち、とくに幼い次男のトミーのことだった。

父親になりきれないパートナーを愛せるか

テリーのいとこで独身のドリューのほうが、よほど父親らしく子どもと接してくれる。ドリューは休日や週末によく遊びに来てくれた。子どもと遊ぶのがとても上手で、子どもたちから「ドリューおじさん」と呼ばれ親しまれていた。

テリーとアンが泊まりがけで家を空けなければならないときには、ドリューが子どもたちのベビーシッターをしてくれた。

子どもたちがドリューになつく様子を見ると、アンは複雑な気持ちになる。ドリューが父親代わりになるのは、はたしていいことなのかと戸惑う一方で、子どもたちが望んでいるように、男親に教育してもらったり、遊んでもらったりする機会があることに安心してもいる。

ある日、アンが買い物をしていると、偶然ドリューに会った。少し立ち話をしたあとで、ドリューがこう言った。

「そうだ、何か食べに行かない？」

「いいわね！」

レストランに入り料理を注文したあと、ドリューはこう言った。

「ところで、子どもたちはどうしてる？」

彼はこんなにも子どもたちのことを気にかけてくれているのかと思うと、アンは思わず涙が出た。

「いままで言わなかったけれど、あの子たちのことが心配でたまらないの」

彼女はテリーが家族に無関心であることへの恐れや不安などを打ち明け、最後にこう言った。

「ときどき、あなたのほうがテリーよりもよほど父親らしいと思うこともあるのよ」

ドリューは面食らったが、微笑むしかなかった。

「ぼくも自分の子どもみたいにあの子たちのことが可愛いよ」

そう言うと、ドリューはテーブルの向こうから手を伸ばして、アンの手を握った。

「大丈夫、ぼくがもっと子どもたちに会いに行くよ。土曜日にあの子たちをお祭りに連れて行こうと思うんだけど、どうかな？」

「喜ぶと思うわ！　私も一緒に行くわね」

土曜日、アンはドリューと子どもたちと一緒にお祭りに出かけた。それ以来、ドリューはテリーが家族に無関心なぶんを埋め合わせようと、アンと子どもたちと一緒によく出かけるようになった。テリーはまったく気にしていない。彼はドリューのことを信頼していたからだ。

あの日の食事から、アンとドリューはさらによく会うようになっていた。子どもたちと出かけるほかにも、ふたりでよくランチをとりに行った。

アンは自分の人生にはドリューが必要だと思うようになっていた。自分にとって最も大切な仕事——子どもの世話と教育——を支えてくれるからだ。月日の流れとともに少しずつ、彼らの仲は友人関係から恋人関係に発展していった。彼女はドリューのことを、これまでの誰よりも深く愛するようになった。

でも、離婚することで子どもたちを傷つけたくはないし、本当の父親と引き離してしまうこともしたくない。ふたつの思いにアンの胸は引き裂かれそうだった。けれども、愛する男性と子どもを育てられないことにも耐えられない。

アンが葛藤しているうちに、ふたりの関係がテリーの知るところとなった。テリーはとても傷つき、いとこが自分を裏切ったことにひどく憤慨した。ドリューは激怒しているテリーと、アンや子どもたちから離れるため、ほかの州へ引っ越していった。

アンは二重にショックを受けた。自分の愛する人、そして子どもたちのよき父親役だった人も失って、どうすればいいのかわからなくなってしまったのだ。

女は家族の強い絆を求めている

アンとドリューのような例はめずらしいが、それでもときとして起こる。同じような問題を抱える夫婦のカウンセリングをすることがあるが、毎回、女性というのは家族に強い絆を求めているのだと気づかされる。

最近では子どもをつくらないカップルも増えているが、それでも**大半の女性には家族をつくりたいという強い本能がある**のではないだろうか。そのうえで、**男性には家族の長でいてほしい、積極的に子どものしつけや教育を担ってほしいと望んでいる**。

女性が理想とするのは、いつの時代も頼りになり尊敬できる男性と結婚して、よき父親とともに我が子を育てることだろう。

私たち心理学者が調査やカウンセリングを通して学んできたことを、女性は本能的に知っているようだ。それは、父親は子どもに大きな影響を与えるということである。

パートナーが子どもの成長にあまり関心を示さないと、女性は必死になって彼を変えようとする。子育ての本を買って彼の目につくところに置いておいたり、ＰＴＡが主催するセミナーに参加するようにすすめたりするだろう。でも、そんな彼女たちの努力が実を結ぶとはかぎらない。

女性が「子どもにはいい父親が必要だ」と言うとき、いったいどんなことを考えているのだろうか。その言葉の裏には、パートナーにも子どもの成長に責任を持ってもらいたいという気持ちがこめられている。

この問題を解決するには、夫婦がふたつの点について率直に話し合うことが大切だ。そのふたつとは、育児に必要な時間と経験である。

子どもを育てるには膨大な時間が必要

カップルは週に15時間は、相手のことだけに意識を向ける時間をつくろうという話をした。そのように私が提案したとき、そんなに時間をとるのは無理だと思ったかもしれないが、自分たちの結婚生活を守るためならと、優先順位を見直したりして、なんとか時間をつくろうとしたことだろう。

ここで、もうひとつ提案をしたいと思う。**男性は、家族と充実した時間を過ごすために、1週間にもう15時間を確保しよう。**〝家族の時間〟を持つことで、あなたのパートナーや子どもたちと、より絆を強めることができる。

忘れてはいけないのは、家族で充実した時間を過ごすのは、子どもに道徳心や教養を身につけさせるためだ。

たとえば思いやりの気持ちを持つことや、協力したり助け合ったりすることなどは、ぜひ子どもに伝えたい大切なことである。だから、**その時間には力を合わせてやるような活動をして、家族がひとつになるようなこと、そして子どもが楽しめるようなことをしよう。**

では、この時間にはどんなことをすればいいだろうか。参考までに例を挙げてみよう。

・家族そろって食事をする。
・散歩をしたり、サイクリングに出かけたりする。
・一緒にゲームをする。
・子どもが寝つくまで本を読み聞かせする。
・子どものお小遣い計画を一緒に考える。

もちろんこれらとまったく同じことをする必要はない。自分のやりたいことをあきらめなくても、時間の使い方を少し変えてみるだけで、家族との時間をとれると気づくかもしれない。

たとえば家族のみんなが忙しく、それぞれが別々に慌ただしくご飯を食べている状態ならば、みんながそろって食べられる時間を考えてみてはどうだろう。それぞれ独自の活動をしている場合は、家族みんなでできる活動を考えてみよう。家族で一緒にスポーツをしてみるのもいいかもしれない。

12歳以下の子どもなら、そうやって親と一緒に時間を過ごさせるのも簡単だろう。ただ、子どもが中高生になってしまうと、親の誘いにものらなくなってくる。ほとんどの時間を友達と過ごすようになるからだ。家族と顔を合わせる時間も次第に減ってくるだろう。そのときは、その子に合った計画は何か、よく考えてみよう。

家族と時間を過ごしながら大きくなれば、そのままその習慣を続けていくのはさほど難しくはないはずだ。

子どもが中高生になってから家族で過ごす時間をつくろうと思っても、子どももなかなか応じてくれないだろう。親子で言い合いになってしまうケースもたくさん見てきたが、そんなときは家族で過ごす時間のことは忘れよう。残念だが、そういう機会を逃してきたということだ。

ほとんどの教育者が、中高生よりも12歳以下の子どものほうが影響を与えやすいとしている。子どもが小さいうちから、人生で役に立つ道徳観や生き方をしっかり教えておこう。家族で過ごす時間を大切にしていれば、その後に問題が起こることもないだろう。

育児の方針をパートナーと話し合う

家族との時間を大切にするということは、ご飯を食べさせたり、洋服を着せたり、安全に気を配ったりするといった、子どもの世話とは別のものだ。子どもの世話は家事のカテゴリーに入る。

誰しも自分の子どもには成功してほしいと思うだろう。家族との時間を大切にするということは、協力し合うことの大切さを子どもに教えたり、お互いに思いやりの気持ちを持つことの大切さを教えたりと、子どもの成長に責任を持つということ。立派な大人に育てるために、家族と質の高い時間を過ごすということだ。

妻が求めていることを満たすという観点から考えれば、夫は育児についての妻の意見を無視してはいけない。妻は夫にすべて任せるのではなく、夫と一緒に、子どもに教養や道徳心を身につけさせたいと思っている。けれども、多くの夫婦が意見をすり合わせることができない。

すると、夫婦のあいだには深い溝ができてしまう。こういうことにならないようにするためには、お互いに同意できないことはしてはいけない。

最も賢明な方法は、**夫婦が話し合って、ふたりとも納得できる育児の方針を決めておくこと**である。

母親と父親が、子どもが守るべきルールについてしっかりと合意し、子どもがそのルールを守らなかったときの対処の仕方についても合意ができていれば、起こりがちな問題を避けることができるだろう。そのうえ、家族との時間を大切にしてほしいという妻の欲求も満たすことができる。

そうでなければ、子どもは親を別々に攻略することを学んでしまうだろう。父親に内緒で母親と交渉したりするようになる。自分の欲しいものを手に入れるために、こうした常套手段を使わせないようにするには、母親と父親が話し合って、事前に方針を決めておかなくてはいけない。

ふたりの意見が同じであれば、子どもも親を尊敬するし、親の言うことに耳を傾けるようになる。母親と父親がふたりで決めたことだとわかれば、子どもも反抗しないはずだ。

親としての役割と、夫婦としての役割を共存させる

自分が愛して結婚した女性がただの母親になってしまったと、新米の父親がよく不平をもらす。彼らが言っているのは、妻が恋愛対象としての自分に興味を失ってしまったという意味だ。子どもを育てるという新しい責任を背負って四苦八苦しているのだから、無理もない。

けれども、子育てをしているあいだも夫婦がふたりで過ごす時間を持てば、それも防ぐことができる。

ひとり目の子どもが生まれたときに浮気をしてしまう例はよくあるし、離婚するケースはもっと多い。そんな悲劇が起きてしまうのは、夫婦がお互いの欲求を満たすことができ

ていないからだ。親としての役割と、夫婦としての役割のどちらを優先するべきかせめぎ合った結果、親としての役割を果たすほうが勝る。

女性が恋人から母親になってしまうと、男性は性的な満足感が得られないことと、一緒に趣味を楽しめないことを気に病み、結婚生活が破綻したと考えてしまう。

一方、女性のほうも、愛情表現と会話への欲求が満たされず、パートナーへの恋愛感情を失ってしまうリスクが高くなる。

結婚生活においては、親としての自分と、夫婦としての自分を共存させていくことがとても大切だ。**いい親でいることと、夫婦として親密な関係を築くことのバランスをうまくとるように努力しよう。**

幸せな結婚の法則 #9

子育てはパートナーとの〝信頼関係〟が試される、カップル最大のプロジェクト。

CHAPTER 12

He Needs Peace and Quiet —Domestic Support

共働き夫婦が家事ストレスを減らす方法

フィルは若くて裕福な独身男性だ。スタイリッシュな車に乗り、趣味のいいインテリアのマンションに住んでいた。彼は何人もの女性と付き合った末に、シャーリーンと出会った。彼女はほかの女性にはない魅力をもった女性だった。ふたりは親しくなり、約8カ月の交際期間の後、フィルは彼女にプロポーズした。

ふたりは10月に結婚式を挙げると、ひとまず彼のマンションで一緒に暮らしはじめ、家を買うために貯金することにした。シャーリーンも高収入だったので、お金はどんどん貯まっていった。

翌年の夏、望みどおりの家が見つかり、9月にはそこへ引っ越した。フィルは庭の手入れをしたり、新しい器具を据え付けたりして、家の仕事をおおいに楽しんだ。

最初の子どもが生まれるまでは、すべてうまくいっていた。子どもが生まれると、シャーリーンはパートタイムの仕事に切り替えた。出費がかさむときに、収入が減ることになったのである。

フィルはシャーリーンの収入が減ったぶんを補おうと、副業をすることにした。日中は会社の仕事をこなし、夜は別の会社で経理の仕事をパートタイムでやり、一日12時間働いた。

女の優しさと感謝がなければ、男は救われない

結婚から5年後、フィルとシャーリーンは3人の子どもに恵まれていた。

フィルは相変わらず二足のわらじを履いていたが、ふたつの仕事を終えて家に帰ってきても、まだまだたくさんやることがあった。育児の手伝いもしなければならないし、芝も刈らなければならない。そのうえシャーリーンは、5人家族が暮らすのにこの家は狭すぎると不満を言う……。

フィルにとって人生は楽しいものだったのに、急速に耐えられないものになっていった。テレビを観たり新聞を読んだりすることで気を紛らわそうとしたが、それさえ無理だった。シャーリーンに急かされて、家の仕事を手伝わされるからだ。

やがて、退社時間を過ぎても会社に残って同僚と時間をつぶすようになった。しかしそれは、シャーリーンの怒りをかうだけだった。フィルが時間どおりに帰宅して手伝ってく

れないことに、シャーリーンは傷つき怒っていた。

ふたりでじっくりと話し合ったとき（そもそもそんな時間はめったになかったのだが）、シャーリーンはフィルが育児や家事を手伝ってくれないことを、とても不満に思っていると言った。

そのうちフィルは、家に帰らなくなった。そんなときジャネットに出会った。彼女は会社の同僚で、話をしていると気持ちが安らぐ。まもなくふたりは不倫の関係になった。

フィルがふたつ目の仕事を終えたあと、真夜中にジャネットの家を訪れると、彼女はいつも美味しい食事を用意して待っていてくれた。食事を終えると、ふたりは愛を交わし合って眠りにつく。こういう状態が何カ月も続いた。

シャーリーンは怒り、絶望にかられ、なんとしてもフィルを取り戻そうと、日中に彼の職場に乗り込んでいったりもしたが、状況はほとんど変わらなかった。怒り狂ったシャーリーンには、ジャネットのような優しさや愛情を与えられるはずもない。彼女は強烈なストレスで体調を壊してしまった。

フィルと話をしたとき、私はこう言った。

「もしあなたが独身だったら、ジャネットのことなど振り向きもしないのではないですか？　太っているし、地味だし、あなたの好きなタイプではないでしょう」

「でも彼女のことを愛しているんです。人生でこれだけ愛した人はほかにいません」

シャーリーンは我慢の限界に達し、もうこれ以上、結婚生活を続けることはできないと考え、離婚したいとフィルに告げた。

すると、まもなくフィルとジャネットの関係も終わったのである。しかし私はそうなるだろうとわかっていた。なぜなら、ジャネットがフィルに尽くしていたのは、シャーリーンへの対抗心があったからだ。シャーリーンと争う必要がなくなったとたん、ジャネットのその気持ちも失せてしまったのだ。

ジャネットはこれでフィルを手に入れられたと思い、今度は自分が丁寧な扱いを受けるべきだとばかりに、フィルにいろいろなことを要求するようになった。

フィルはすっかりひるんでしまい、ジャネットと会うのをやめ、家に帰らなくなってから数カ月後、シャーリーンのもとへ戻った。

ふたりはもう一度、絆を結ぶために努力した。とくに、フィルの「家事をしてほしい」という欲求をシャーリーンが理解してからは、ふたりの関係が劇的によくなった。

私はふたりと一緒に生活費の問題についても取り組み、フィルが仕事をひとつに減らせるように生活費を見直した。仕事がひとつになると、フィルはこれまでまったくやろうとしなかった家事も快く手伝うようになった。そして、シャーリーンがこれまで家事や育児をいかにうまく効率的にやってくれていたのか、初めて知った。

一方シャーリーンも、家事をやりたくないばかりに、フィルに手伝いを求めすぎていたと気づいた。長時間働いていた彼に対して、要求が厳しすぎた。そのせいで、彼はジャネットと関係を結ぶという人生最悪の選択をしてしまったのだ。

男の〝こんな女と暮らしたい〟という妄想

男性は、女性が家庭で自分をサポートしてくれることを、とても強く望んでいる。毎日仕事から帰ると、妻が玄関でにこやかに出迎えてくれ、行儀のいい子どもたちも玄関に来てくれる。そして、きれいに片づけられた気持ちのよい部屋に入ると、キッチンからはいい香りがただよい、美味しい夕食が待っている……と夢は続く。

夕食をとりながらの会話は楽しく、夕食後は家族で散歩に出かけ、帰ってきてから子どもたちをベッドに連れていき寝かしつける。そのあとは妻とくつろいで話をしたりテレビを観たりして、しばらくするとベッドへ行って愛を交わし合い、眠りにつく……。

これを読んで思わず笑ってしまう女性もいるだろうが、もし現実の生活とこの妄想とのあいだに大きなギャップがあるとしたら、あなたの結婚生活はきっと深刻な問題を抱えているに違いない。

今日、家事に対する男性の意識改革はもちろん必要だし、男性も女性と同じくらい家事を担うべきだ。けれども、そういった改革をしたからといって、男性の欲求が満たされるとはかぎらない。**男性の多くは、いまだに女性には家事をしてもらいたいと強く思っている。**

意識の変化はふるまいに表れるというが、そうだとすると、男性の家事に対する考え方はそれほど変わっていないと言える。女性が家事のほとんどをやるのは不公平だと口では言いながら、男性が実際に家事をやっているかと言えばそうではないだろう。男性の言っていることが口先だけであることは、女性も重々承知している。

CHAPTER9で、女性はお金のために結婚することがあるのかどうかを調べるために、講演会に来た人たちに、「結婚する直前に、自分の収入はあてにしないでほしいと相手から言われたら、それでもあなたはその人と結婚しますか？」と質問をした話を紹介した。

ほとんどの男性は、女性から家計を助けるために働くつもりはないとはっきり言われても、愛する女性と結婚するものだ（私の場合もそうだった）。一方、ほとんどの女性は、一生働くつもりはないという男性とは結婚しないだろう。

講演会でしたような質問をしてみると、自分にどんな欲求があるのか見えてくる。相手が自分に愛情を注いでくれないとわかっても、その人と結婚したいだろうか？　セックスをしたくないと言われたらどうだろう？　親密な会話を拒まれたらどうだろう？　隠し事をする人と結婚したいだろうか？

その欲求が何にしろ、結婚生活の外でそれを満たすことができないのなら、あなたの欲求を満たしてくれるのはパートナーしかいない。

あなたにとって、なくても差し支えないものは何だろう。それが何にせよ、それはあなたの求めているものではない。

あなたは妻に家事や育児をしてもらいたいと思っているだろうか。家事や育児をしたくないという女性と結婚したい男性は、はたしてどれくらいいるだろう。

「結婚して子どもが生まれたら、私は料理も、掃除も、おむつ替えもしないからよろしくね」と結婚の誓いをする前に言われたら？

ここでもまた注意してもらいたいのは、男性が家事と育児を好んでする場合もあるかもしれないということだ。

自分たちがお互いに何を求めているかを考え、それを伝えあえればいい。夫が妻に家事をしてもらいたいとは思っておらず、妻が夫に家事をしてもらいたいと思っている夫婦もいるだろう。

家事はひとりがすべてをやるものではないと反論する人もいるだろう。たしかに、ひとりだけがやるべきものではない。夫婦が一緒にやるべきだ。

私が先ほどのような質問を挙げたのは、そういう欲求があるということをわかってもらうためである。

家事ストレスを上手に分かち合うために

家事をしてほしいという欲求は、時限爆弾のようなものだ。初めは、そんなことを思うのは不適切だし、時代錯誤のようだと感じている。ところが結婚して何年かたつと、この欲求が爆発し、パートナーを驚かせることになる。

ひと昔前は、男性が妻に家事をしてほしいと望み、妻がその欲求を満たすのが普通だと思われていた。とくに専業主婦の時代はそうだった。

だが、時代は変わり、それにともなってこの欲求も変わっていった。現代では、女性もフルタイムで働くのが当たり前。すると、夫婦げんかの主な原因は、家事の分担をどうするかということになる。

妻に家事をしてほしいという夫の願いがかなえられないだけでなく、妻自身も誰かに家事をやってもらいたいと思うからだ。先ほど述べた〝男の妄想〟は〝女の妄想〟でもある。

結婚当初は家事を分担することをいとわないものだ。新婚夫婦は一緒にお皿を洗ったり、洗濯・掃除をしたりする。独身時代はすべて自分でやらなければならなかったのに、いまでは妻が手伝ってくれるので男性は喜ぶ。新婚時代は、家事をやってほしいという欲求が大切なものだとは、ふたりとも気づかない。でも、時限爆弾はときを刻み続けている。

では、家事をしてほしいという欲求が爆発するのはいつだろう？　そう、子どもが生まれたときだ。子どもが生まれると必要なものが増える。収入もそうだし、家事の量も一気に増える。それまでの家事分担ではやっていけない。新しく増えた家事は、どちらが担えばいいのだろうか？

もしあなたが専業主婦なら、家事や育児をやってほしいという夫の欲求も、それほど問題にはならないだろう。夫が仕事から帰ってくるまでに、家の仕事を終わらせておくこともできるだろう。子どもの面倒は少しくらい見てほしいと思うかもしれないが、子どもが寝たあとは夫の相手をすることもできる。

しかし、もしあなたがフルタイムで働いているなら、公平な家事分担という難題に直面していることだろう。すべてひとりでこなそうとして疲れきり、パートナーが手伝ってくれないことにいらだちを覚えているに違いない。

ふたりともフルタイムで働いているなら、夫婦は家事を分担しなければいけないということに異議を唱える人は誰もいないはずだ。しかし、自分が家事と育児をしなければいけないという強迫観念が妻にあって、夫も妻に家事をしてほしいと思っている場合は、公平に家事を分担するのは難しい。

妻は家事をしないと気がすまないし、夫は妻に家のことを任せたいと思っている。これが一般的な共働き夫婦が直面している現実であるなら、いったいどうしたら公平に家事を分担できるだろうか。

行動を変えるには、動機づけが最も大切である。変えることを楽しいと思えれば、あるいは変えることで何か見返りを得ることができれば、確実にミッションを完了できるはずだ。反対に、変えることが楽しくなかったり、何も見返りがなかったりすれば、変えようとしてもむなしい結果に終わってしまう。

動機づけという観点から、共働き夫婦が公平な家事分担をできるようにするための、解決策を示そう。女性に家事をやってほしいと考えている男性に、家事を手伝ってもらいたいなら、次のステップを踏んでみよう。

ステップ1――家事や育児をリストアップする

このリストはカップルで一緒につくること。毎日、何か家事や育児をするたびに、あるいは相手にやってもらいたいと思うたびに、項目を書いていく。

リストができ上がったときには、分担すべき家事と育児がすべて明らかになったと納得できることだろう。50個の項目が挙がっているかもしれないし、100個ほど挙がっているかもしれない。このリストをつくってみるだけでも、やらなければいけないと思っていることのどこに問題があるのかを、理解することができるだろう。

ステップ2――担当者を決める

次は、それぞれがやっていて楽しい、あるいは自分がやったほうがいいと思う家事や育児を挙げてみよう。

新しいリストをふたつつくる。ひとつは〝男性が担当する家事・育児〟、もうひとつは〝女性が担当する家事・育児〟。それぞれが自分が責任を持ってやることを選んでいく。やっていて楽しいことや苦にならないこと、自分のやり方でやりたいことを選び、書き上がったらそのリストを相手と交換する。

もしやりたいと思うことが重なっていたら、交代でやってもいいし、臨機応変に分担してもいい。だが、最終的にどちらが担当するかを決める前に、相手が選んだものを認めることも必要だ。

相手にはうまくできないだろうと思っても、まずはできるかどうか試しにやってもらう期間をつくろう。担当することが決まったら、相手の期待に応えられるように、責任を持ってそれをやろう。

ステップ3——残った家事・育児を分担する

問題は、リストに残った家事・育児をどちらがやるのか。それは、いちばん必要としている人がやるのがいいだろう。この方法に疑問を抱く人もいるだろうが、それが合理的な解決策である。そうでなければ、その必要性をまったく感じていないほうが、押しつけられることになってしまうからだ。

それに、ほとんどの女性はすでにわかっていると思うが、自分が必要だと思っていることを、パートナーに任せてもうまくいかないものだ。

家事や育児の分担を決めると、たいてい女性が分担するほうが多くなることだろう。男性は妻に料理、掃除、洗濯、アイロンがけ、そのほか家を快適な場所にするためのさまざまな家事をしてもらって、自分の面倒を見てほしいと思っている。妻がフルタイムで働いていて、そんな時間もエネルギーもなかったとしても、その欲求が減ることはない。

そこで、経済的に余裕があるなら、こうした家事のいくつかを家事代行サービスに頼んだり子どもに任せたりするなど、考え方を変えてみてはどうだろう。

フルタイムで働いている女性は、できるかぎり家事を少なくするべきだ。時間もかかるしやっていて楽しくない仕事は、プロの手を借りよう。浴室やキッチンなどは週に1回、クリーニングサービスを使って念入りに掃除してもらえばいい。芝刈りや庭の手入れなどもプロに頼めば、煩わしかった土曜日も家族と楽しく過ごせる日になる。

家事をしてほしいという男性の欲求を満たすのは、必ずしも自分でなくても構わないのだ。家が快適に整ってさえいれば、パートナーの欲求は満たされる。

また、自分たちがやっていて楽しくない家事、やりたくない家事を子どもにやらせるのはやめよう。それは道徳的によくないからだ。

子どもに家事を手伝ってもらいたいのなら、あなたが担当する家事のリストのなかから、子どもたちが楽しくできるものを自分で選ばせよう。あなたやパートナーのリストと同じように、子どもが担当する家事のリストもつくるといいだろう。やってもらえる家事は意外にたくさんある。

家事をプロに頼むとなると、当然、予算の問題が出てくる。でも、妻がフルタイムで働いているなら、すべての家事を担うのは酷な話だ。

〝何をしてもらうと嬉しいのか〟を知ろう

本書で述べているように、相手の欲求を満たすことで愛情が生まれるなら、なぜそれをやらないのだろうか。それは相手へ思いやりを示す行動というだけでなく、賢明な行動といえるだろう。そうすれば、お互いに恋愛感情を持ち続けることができる。

前にも述べたが、もうひとつ大事なことを繰り返し述べておきたい。それは、**相手がそれほど求めていないことに時間をかけすぎないこと。**

相手から感謝されないような家事や育児はやらなくていい。あなたが手伝ってあげたときの相手の反応を見れば、愛情銀行の貯金が増えているかどうかわかるだろう。その家事をしたときに相手がありがたいと思い、愛情をこめて感謝の気持ちを伝えてくれるようなら、貯金は増えているということだ。けれども相手が無反応なら、何かの理由で愛情銀行の貯金は増えていないという証拠である。

相手には自分の欲求を満たす責任があると思っていると、それが満たされても感謝の気持ちが薄くなる。**欲求が満たされることを思いがけない贈り物だと思えれば――相手が思いやりを示してくれたと感じることができれば――愛情はもっとたくさん振り込まれる。**

もし、あなたやあなたのパートナーが、自分の欲求は満たされて当然だと思っているなら、愛情銀行の貯金が増える効果は薄くなってしまうだろう。

この章の最後に、もうひとつだけ伝えておきたいことがある。**相手の家事を手伝うことを苦痛に感じているならば、手伝うことを習慣にしないほうがいい。**その場合、相手の愛情銀行の貯金が増えることはないだろう。だから貯金が減らないように、ほかに相手の力になる方法を探さなくてはならない。

家事の公平な分担を決めるとき、愛情銀行の貯金が増えるか減るかは、あなた次第だ。まずは、自分がやりたいと思った家事や、相手よりも自分がやったほうがいいと思う家事を引き受けよう。そして、夫は妻の家事リストのなかで、自分が手伝ったら妻がいちばん嬉しいと思う家事の手伝いをしよう。

こうして家事を分担していけば、思いやりを示す気分ではないようなときでも、お互いに思いやりを示せるようになる。相手の犠牲のうえに何かを得ようとしたり、楽しいと思えない生活を相手に強要したりすることがなくなる。ふたりがともに幸せで満ち足りた毎日をおくれるようになるし、なにより愛情を抱き合うことができるようになる。

幸せな結婚の法則 #10

上手に手を抜きながらうまく家事を分担していけば、お互いへの愛情も増えていく。

SPECIAL
SUPPLEMENT

読者のみなさまへの特別付録

最後まで読んでくださり、ありがとうございます。
読んでくださったみなさまに感謝を込めて、
本書でご紹介した10項目の基本的な欲求についての質問リストをご用意しました。

スマートフォンなどで読み取ると、
直接アクセスできます。

【著者紹介】
ウィラード・ハーリ（Willard F. Harley, Jr.）
◉――カリフォルニア大学サンタ・バーバラ校にて心理学博士号を取得。全米で評判の臨床心理学者、結婚カウンセラー、ベストセラー作家。人気のウェブサイトでは、結婚生活におけるさまざまな問題を現実的に解決する方法を紹介している。妻のジョイスとともに視聴者参加型のラジオ番組「マリッジ・ビルダー」を担当。ミネソタ州のホワイト・ベアー・レイク在住。
◉――本書はアメリカで出版されて以来、世界中で350万部のベストセラーになり、多くのカップルの支えになっている。

ウェブサイト　www.marriagebuilders.com

【訳者紹介】
多賀谷　正子（たがや・まさこ）
◉――上智大学文学部英文学科卒業。銀行勤務などを経て、フリーランスの翻訳者となる。翻訳書に、『THE RHETORIC　人生の武器としての伝える技術』（ポプラ社）、『トロント最高の医師が教える世界最新の太らないカラダ』（サンマーク出版）、『クリエイティブ・コーリング　創造力を呼び出す習慣』（CCCメディアハウス）などがある。

夫《おっと》の言《い》い分《ぶん》　妻《つま》の言《い》い分《ぶん》
理想的《りそうてき》な結婚生活《けっこんせいかつ》を続《つづ》けるために

2020年9月14日　　第1刷発行

著　者――ウィラード・ハーリ
訳　者――多賀谷　正子
発行者――齊藤　龍男
発行所――株式会社かんき出版
東京都千代田区麹町4-1-4 西脇ビル　〒102-0083
電話　営業部：03(3262)8011㈹　編集部：03(3262)8012㈹
FAX　03(3234)4421　　振替　00100-2-62304
https://kanki-pub.co.jp/

印刷所――シナノ書籍印刷株式会社

　ISBN978-4-7612-7510-5 C0095